# 동물농장

Animal Farm

조지 오웰

다락원 WILEY
Publishers Since 1807

# 세계의 교양을 읽는다

고전을 왜 읽는가?

인간의 삶과 세상에 대한 영원한 물음이 있기 때문이다. 시대와 사상을 뛰어넘어 지금 여기 우리에게 필요한 물음이 없는 고전은 더이상 고전이 아니다. 인간과 삶에 대한 근원적인 물음 없이 고전을 읽는다면 자신과 인간에 대한 성찰과 지혜로 이어지지 않는다. 논술 시험 때문에, 과제물 때문에, 아니면 남들이 읽으니까, 나도 읽는다는 식이라면 그 책은 죽은 책일 수밖에 없다.

고전을 살아 있는 책으로 만드는 이 '물음!'에 답하기 위해서는 좋은 길잡이가 필요하다. 40년 이상 미국의 고교생과 대학 주니어들이 시험, 에세이 작성, 심층토론 준비를 위해 바이블처럼 애용해온 'CliffsNotes'와 'SPARKNOTES'는 바로 그런 좋은 길잡이의 표본이다. 이 두 시리즈가 원조 논술연구모임인 '일이관지(一以貫之)' 팀의 촌철살인적 해설을 곁들여 〈다락원 명작노트〉로 재탄생해 논술로 고민중인 대한민국 학생 여러분을 찾아간다.

CliffsNotes와 SPARKNOTES의 가장 큰 장점은 방대하고 난해한 고전을 Chapter별로 요약하고 분석해서 원전의 내용에 보다 쉽고 체계적으로 접근하는 신속·간편성이라고 할 수 있다. 여기에 '一以貫之'팀이 원전의 중요한 문제의식, 즉 근원적 '물음'은 무엇이며, 그 '물음'은 오늘날에도 여전히 유효한가, 라는 질문을 다시 던진다.

대입논술로 고민하고, 자칭 타칭의 고전이 넘쳐나는 오늘의 독서풍토에서 지적 정복이 긴박한 대한민국 학생들에게 감히 이 시리즈를 자신있게 권한다.

一以貫之 논술연구모임 연구실장 이호곤

# 차례

CliffsNotes와 SPARKNOTES는 방대한 원작을 보다 쉽게 이해할 수 있도록 돕는 안내서입니다. 원작 이해를 돕기 위해 작가와 작품에 대한 배경지식, 그리고 매 장마다 간단한 '줄거리'와 '풀어보기'가 실려 있습니다. '줄거리'를 통해서는 원작의 내용을 명쾌하게 파악함으로써 독서의 즐거움을 느낄 수 있을 것입니다. '풀어보기'에는 원작에 담긴 문학적 경향, 등장인물의 심리상태, 시대상, 주제 등을 설명해 놓았습니다. 비판적 글읽기의 바탕이 되는 요소들이죠. 비판적 글읽기는 소설과 비소설 작품을 막론하고 책을 읽을 때 꼭 필요한 자질입니다.

그 밖에도 작품을 좀더 심오하게 분석할 수 있도록 '마무리 노트', 'Review' 등을 마련해 놓아 독자 여러분의 글읽기를 돕고 있습니다.

CliffsNotes에는 특히 관심을 갖고 읽어야 할 필수요소를 강조하기 위해 다음 네 가지 아이콘을 사용하고 있습니다.

 작품 속에 내재된 주제를 드러내줍니다.

 등장인물의 속내를 알 수 있도록 도와줍니다.

 배경, 분위기, 열정, 폭력, 풍자, 상징, 비극, 암시, 불가사의 등의 요소를 밝혀줍니다.

 단어와 문구의 미묘한 느낌을 감상할 수 있도록 해줍니다.

*〈  〉는 장편소설, 중편소설, 논픽션, 시집. "   "는 수필집, 단편소설

## ○ 일이관지(一以貫之) 논술 노트

권말에는 一以貫之 논술팀에서 작성한 논술 노트가 실려 있습니다. 원작을 우리의 삶과 연계시켜 비판적 사고와 논리적 글쓰기의 방향을 제시합니다.

## ○ 실전 연습문제

실전 연습문제를 통해서는 원작을 바탕으로 출제 가능성이 높은 논점을 함께 숙고해 봅니다.

# 작가 노트

## 오웰의 유년 및 학창시절

　　조지 오웰 George Orwell은 1903년 6월, 인도의 벵갈에서 태어났다. 본명은 에릭 아서 블레어 Eric Arthur Blair. 아버지 리처드 월메슬리 블레어는 인도에서 아편부 관리로 일했다. 리처드 블레어는 당대의 많은 중상류층 사람들처럼 영국의 가장 쓸모있고 수지맞는 식민지 인도에서 대영제국을 위해 봉직했다. 1896년, 그는 가정교사로 일하던 아이다 앰블 리무진이라는 영국인 여성을 만난다. 그보다 20년 연하였던 그녀도 인도에서 살고 있었다. 두 사람은 결혼한 후 벵갈에서 8년 동안 생활하면서 모저리(1898년생)와 에릭을 낳았다. 에릭이 태어난 지 1년 후, 아이다는 아이들과 함께 영국으로 돌아갔다. 그 후 8년간, 에릭은 1907년 아버지가 휴가차 영국을 방문했던 석 달 동안만 아버지를 볼 수 있었다. 1908년 셋째인 애브릴이 태어났다. 리처드는 1912년 아편부에서 퇴직하고 영국으로 돌아간 다음에야 막내 아이를 처음으로 만났다.

　　에릭은 옥스퍼드 주 헨리 시에서 유년시절을 보냈다. 그곳에서 그는 옥스퍼드의 시골길 산책을 즐기는 '뚱뚱보 꼬마'로 알려졌다. 이때부터 그는 '체면을 유지하려면' 돈을 좀 써야 한다는 것과 사람들의 사회계층별 차이점을 어렴풋하게나마 인식하기 시작했다. 에릭은 어느 배관공의 딸과 사귀었으나, 그 아이가 '너무 천하다'고 생각한 엄마 때문에 둘의 관계는 깨졌다. 당연하게도, 에릭은 책 읽기에 흠뻑 빠졌다. 특히 정치 풍자소설로 유명한 조너선 스위프트의 〈걸리버 여행기 Gulliver's Travels〉는 나중에 조지 오웰의 많은 작품에 큰 영향을 끼치게 된다.

1911년 여름, 에릭은 세인트 시프리언 학교에 입학하면서 유년기에서 중요한 전기를 맞이한다. 이스트번에 있는 이 사립 초등학교는 유명 사립학교 입학을 준비하는 남학생들을 위한 예비학교로 명성이 높았다. 그는 1912년 그 학교에서 첫 학기를 시작했다. 그리고 5년 후 졸업할 때까지 그곳 생활을 두려워하고 혐오했다. 그는 오줌싸개라고 창피를 당했고, 끊임없이 각종 날짜와 이름들의 암기를 강요받았으며, 부잣집 아이들에게서 놀림을 받았다. 결국 (본인의 표현을 빌자면) "인생은 끔찍하며, 나는 상상했던 것보다 더 못됐다"고 생각하기에 이르렀다. 교장 부부는 걸핏하면 에릭에게 일부나마 장학금 덕분에 학교를 다닌다는 점을 들먹거렸다. 창피를 주어 자신들이 원하는 방향으로 에릭을 길들이기 위해서였다. 이런 경험은 에릭에게 사회적 계급과 돈의 중요성을 다시 한번 일깨워준 계기가 되었다. 세인트 시프리언 학교에서 보낸 학창시절은 에릭의 수필 "즐거움은 그렇고 그랬으니… Such, Such, Were the Joys…"(1952)에 장황하게 묘사되고 있다. 그 수필을 읽은 독자는 강자가 약자를 어떤 식으로 업신여기고, 지배하고, 위협하는지를 그가 진정으로 깨우친 것이 세인트

시프리언 학교에 다닐 때였음을 알 수 있다. 아울러 이런 생각
은 훗날 그의 정치적 사상 및 작품 중 가장 유명한 두 편의 소
설 〈동물농장〉과 〈1984년〉에 그대로 반영되었다. 세인트 시
프리언 학교에서 지낸 시절 중에는 재미있던 때도 약간 있었
지만(예를 들어 나비 수집 따위), 오웰은 줄곧 그곳에서 벗어
나기를 갈망했다. 마침내 그는 1916년 우수한 성적으로 웰링
턴 대학에 장학생으로 입학하면서 탈출에 성공한다.

그러나 에릭은 웰링턴 대학에 입학한 지 9주 후, 영국
최고의 명문교 중 하나인 이튼스쿨에 왕실 장학생으로 입학
허가가 떨어졌다는 사실을 알았다. 왕실 장학생은 장학금으로
학비 전액이 충당되었다. 에릭은 이튼스쿨에서 썩 좋은 성적
을 거두지는 못했지만, 엄청난 양의 책을 읽었다. 특히 잭 런
던*, H. G. 웰스**, 조지 버나드 쇼*** 같은 현대 작가들의 작품은

---

* **잭 런던**(Jack London. 1876-1916): 미국의 소설가. 극빈한 가정형편으로 소년시절 갖가지 육
체노동과 방황을 경험했다. 30대 이후 많은 소설과 평론을 발표하면서 돈과 명성을 얻었으나
본능적인 금전욕과 명예욕, 그에 따르는 자기모순에 갈등하다가 자살로 생을 마감. 니체풍의
초인을 연상시키는 바다표범잡이배의 선장 이야기 〈바다의 이리 *The Sea Wolf*〉(1904)와 자전
적 소설 〈존 발리콘 *John Barleycorn*〉(1913) 등의 작품이 있다.

** **H. G. 웰스**(Herbert George Wells. 1866-1946): 영국의 소설가. 프랑스의 쥘 베른과 함께 'SF
계의 아버지'로 불린다. 그는 공상과학소설을 이용해 영국의 현실에 대해 자신이 갖고 있던 냉철
한 계급인식을 표출하고 사회모순을 드러내면서 자본주의의 어두운 미래를 경고했다. 주요 소설
작품으로는 〈타임머신 *The Time Machine*〉(1895), 〈투명인간 *The Invisible Man*〉(1897), 〈우주전
쟁 *The War of the Worlds*〉(1898) 등과 역사서 〈세계문화사 대계 *The Outline of History*〉가 있다.

*****조지 버나드 쇼**(George Bernard Shaw. 1856-1950): 아일랜드의 극작가, 소설가, 비평가. 1903
년 희곡 〈인간과 초인 *Man and Superman*〉으로 세계적인 극작가가 됨. 1925년 노벨 문학상 수상.
논문과 개설서 등을 통해 사회주의의 이상과 가치를 알린 선동가였으며, 영국 노동자계급의 정당
(노동당)을 결성하는 데 공헌한 사회주의자.

에릭의 마음에 구체화되고 있던 사회의식 형성에 큰 영향을 끼쳤다. 이튼스쿨은 또 에릭이 처음으로 진지하게 글을 쓰기 시작한 곳이기도 했다. 하지만 그 시기의 작품들은 대체로 청소년 취향이었다. 1921년 12월 그는 이튼스쿨을 졸업했다. 이튼스쿨을 나온 젊은이들은 대개 옥스퍼드나 캠브리지에 진학해 공부를 계속했지만, 에릭은 장학금을 받기에는 성적이 너무 좋지 않았다. 아버지는 에릭이 공부에 소질이 없다며 더 이상 학비조달을 하지 않겠다고 했다. 에릭은 겨우 18세의 나이에 불투명한 미래에 직면했고, 이때 중대한 결심을 했다. 그리고 그 결심은 훗날 정치, 신, 도덕적 미덕의 이름으로 행해지는 권력남용에 대한 의식을 한층 강화시켰다.

## 경찰복을 벗고 세상 밑바닥에 뛰어들다

에릭은 학자가 되지는 못했지만, 아버지가 30년간 대영제국을 위해 일했듯 자신도 공무원으로 일할 수 있는 기회가 많다는 사실을 알았다. 그는 부모에게 인도에서 경찰관이 되겠다고 선언했으며, 부모는 그의 계획을 허락했다. 그는 그 직업의 사회적 지위와 후한 봉급, 그리고 세계의 오지를 몸소 체험하고 싶다는 열망에 고무되어 제국 경찰관 임용시험에 응시했고 무난히 통과했다. 면접관이 가장 근무하고 싶은 인도의 지방을 말하라고 하자, 그는 버마를 선택했다. 그 나이의 젊은 이의 대답치고는 매우 이례적이었다. 버마는 걸핏하면 무법지대로 돌변했고, 범죄발생률이 높고, 편의시설이 부족한 곳이기 때문이었다. 그는 이튼스쿨에서의 장교훈련단 경력을 제외하고 군복무 경력도 거의 없었고, 경찰관 경험은 전무했다. 또한 버마에는 영국인들과 인도 주민들 사이에 늘 팽팽한 긴장감이 감돌고 있었다. 이런 외적인 장애에도 불구하고, 에릭은 1922년 11월 버마의 만달레이에 도착했고, 곧 인도 주재 영국 경찰단에서 경찰서장 부관으로 사회생활을 시작했다.

버마에서 근무하는 동안, 영국의 인도 통치와 제국주의에 대한 혐오감은 엄청나게 커졌다. 경찰관인 그는 자신을 증오하는 사람들을 대상으로 질서를 유지해야 했다. 반대로, 그는 자신이 보호해야 할 사람들을 몹시 싫어했다. "코끼리를 쏘다 Shooting an Elephant"(1936)에서 "나는 대영제국을 위해 충성을 다해야 하지만, 제국주의에 대한 증오와 내 일을 힘들게 만드는 그 사악하고 작은 짐승 같은 인간들 사이에서 옴짝달싹 못했다."라고 묘사되어 있듯이, 제국주의는 지배자와 피지배자를 모두 파멸시키는 법이다. 버마에서 겪은 경험은 수필인 "교수형 A Hanging"(1931)과 첫 소설인 〈버마의 나날들 Burmese Days〉(1934)에 잘 그려져 있다. 그는 1928년 인도 주재 경찰관직을 그만두고 영국으로 돌아왔다. 25세의 청년 에릭은 작가가 되어, 오래 전부터 가슴 속에서 싹터온 정치적 의식을 글로 옮기기로 결심했다.

에릭은 글의 소재를 찾을 겸 하층민들의 삶을 이해하기 위해 런던과 파리를 구석구석 돌아다녔다. 그는 가난한 사람들의 삶과 영국 같은 강대국이 그런 충격적인 빈곤문제를 해결하지 못한다는 사실에 호기심을 느껴 안락한 부모 집을 마다하고 빈민지역에서 하층민들과 어울려 살았다. 또 싸구려 옷을 걸친 채 길가에 앉아 매춘부들과 대화를 나누거나 런던 주변의 구빈원*에서 시간을 보내곤 했다. 파리에서는 접시 닦는 일을 하면서 또 다른 유럽 대도시의 하층민들이 겪는 고통을 체험했다. 그는 파리에 있는 동안 폐렴에 걸려 코친 병원의 일반인 병실에 3주간 입원하기도 했다. 이때의 비참하고도 유익한 경험은 훗날 "가난한 사람들이 죽는 방법 How the Poor Die"이라는 수필에 고스란히 기록되었다. (그는 남은 평생 폐병으로 고생했다.)

그의 다채로운 세상경험은 처녀작 〈파리와 런던의 바닥생활 *Down and Out in Paris and London*〉의 뼈대가 되었다. 이 작품은 오웰이 친구에게 파기해 달라고 부탁했으나, (오웰은 이 글이 가치가 없다고 생각했다) 그 친구가 에이전트에게, 에이전트는 출판사에 넘겨 세상의 빛을 본 논픽션이다. 이 작품은 1933년 출판되어 좋은 평가를 받았다. 하지만 평론의 도마에 오른 이 작품의 작가는 '에릭 블레어'가 아닌 '조지 오웰'

---

* **구빈원**(救貧院): 공장주들이 제공하는 남성을 위한 쉼터

이었다. 이 이름은 그 책이 참담한 실패작이 될 경우에 대비해서 에릭이 미리 만들어 놓은 필명이었다. 그 후 죽을 때까지 그는 독자들에게는 조지 오웰로, 가족과 친구들에게는 에릭으로 불렸다.


## 게릴라가 된 신예 작가

1930년대 초중반, 에릭은 작가로서의 입신을 꾀하는 한편, 틈틈이 가르치는 일도 했다. 〈버마의 나날들〉, 〈목사의 딸 A Clergyman's Daughter〉(1935), 〈엽란(葉蘭)의 비상 Keep the Aspidistra Flying〉(1936) 같은 소설들은 모두 호평을 받았지만, 판매는 저조했다. 1936년, 오웰은 〈파리와 런던의 바닥생활〉을 집필할 때 썼던 방식을 한번 더 활용했다. 영국 북부에 위치한 탄광도시 와이건을 찾아가 광부들과 그 가족들의 생활을 직접 관찰한 것이다. 그 결과물로서 광부들의 투쟁을 그린 논픽션 〈와이건 부두 가는 길 The Road to Wigan Pier〉(1937)이 탄생했다. 이 작품은 레트프 북클럽에서 우수도서로 선정되어 4만 4천 부 이상 팔렸다. 오웰은 이제 소설가라기보다는 중요한 정치작가로 대접받았다. 같은 해에 오웰은 에일린 오쇼네시와 결혼해 한 여자의 남편이 되었다.

오웰 부부의 신혼기는 평탄하지 않았다. 두 사람은 스페인으로 가서 파시즘에 맞선 전투에 참가했다. 이 전쟁은 후에 스페인 내전*으로 발전한다. 오웰은 1936년 12월 영국을 떠나 영국의 독립노동당(ILP)과 연계된 현지의 사회주의 정당인 막시스트 통일노동당(POUM)을 위해 일했다. 오웰은 아라곤 전선에서 프랑코 장군에 대항하는 카탈로니아 병사들을 훈련시켰다. 아내 에일린은 1937년 2월 바르셀로나로 가, ILP의 스페인 지부에서 타이피스트로 일했다. 그 해 5월, 오웰은 적군의 저격을 받아 목에 총상을 입었으나 수주 동안 말을 못하는 비교적 가벼운 부상만 입은 채 기적적으로 목숨을 건졌다. 나중에 POUM은 이 전쟁의 결과로 탄생한 공산세력에 의해 불법으로 규정되어, 오웰은 석 달 남짓 전투에 참가한 후 아내와 함께 프랑스로 탈출했다. 또 다른 논픽션 〈카탈로니아 찬가 Homage to Catalonia〉(1938)에는 오웰이 겪은 스페인 전선의 모습과 당시 스페인에 자유를 안겨줄 것으로 여겨졌던 그 혁명에 대한 환멸감이 잘 묘사되어 있다. 그 어떤 혁명도 나중에는 본연의 목적에 반하는 방향으로 변질된다는, 바로 이런 개념이 〈동물농장〉의 주제다.

---

* **스페인 내전**(1936. 7–1939. 4): 공산주의 · 자유주의와 보수주의의 양자대결이 대리전 형태로 나타난 내전. 독일과 이탈리아의 지원을 등에 업은 국가주의자(파시스트적 팔랑헤당. 로마 가톨릭, 군부 지주, 기업가)와 영국과 소련의 지원을 받은 공화파(호전적 무정부주의자. 도시노동자, 농민, 중산층)가 2년 9개월에 걸쳐 전투를 치렀다. 이 내전은 프랑코 장군이 이끄는 국가주의자들의 승리로 막을 내렸다.

## '나폴레옹'과 '빅 브라더'

오웰은 프랑스에서 영국으로 돌아온 후 또다시 폐질환에 시달렸다. 그는 결핵증상 때문에 결국 켄트의 결핵요양소에 입원했다. 요양소에서 4개월 동안 머물면서 건강을 회복한 그는 모로코의 마라케시로 떠난다. 그곳을 선택한 이유는 기후조건이 요양과 회복에 좋다는 평판 때문이었다.

마라케시에서는 소설 〈한숨 돌리다 *Coming Up for Air*〉(1939)를 썼고, 같은 해 런던으로 돌아왔다. 제2차 세계대전이 발발한 후에도 오웰은 계속 평론과 수필을 쓰는 한편, BBC에서 인도로 송출하는 방송기사를 쓰기도 했다. 이 시기에 나온 논픽션 작품으로는 〈고래 몸속에서 *Inside the Whale*〉(1940)와 〈사자와 유니콘 *The Lion and the Unicorn*〉(1941) 등이 있다.

오웰은 1943년 걸작 〈동물농장〉을 탈고했다. 그는 이 작품으로 통찰력 있고 신중한 정치사상가로서 확고한 명성을 얻는다.

이 작품은 '우화'라고 불리는 짧지만 강력한 메시지를 전달하는 소설이다. 한 농장에서 억압받고 착취당하는 동물들이 주인인 인간의 폭압에 항거해 반란을 일으켜 성공하지만, 나중에는 자신들이 처음에 무너뜨리고자 했던 체제로 돌아가게 되는 과정을 섬세하게 그리고 있다. 또한 이 소설은 교묘하게 위장되어 있긴 하지만, 1917년의 러시아 혁명*을 오웰의 시각으로 재구성한 작품이기도 하다. 이런 이유로 일부 출판사들은 이 책의 출판을 거절했다. 그들이 내세운 근거는 소련이 당시 영국의 적국이었던 독일과 전쟁을 벌이는 상황에서 출판하기에는 이 작품의 내용에 논란의 여지가 너무 많다는 것이었다. 어쨌든 〈동물농장〉은 마침내 1945년 8월 17일 출판되었고, 25만 부가 팔리면서 대단한 호평을 받았다. 그러나 이런 대성공과 함께, 에일린이 자궁적출수술 도중 숨지는 슬픔이 찾아왔다.

1947년 오웰은 스코틀랜드 연안의 주라 섬으로 이주했다. 그곳에서 〈1984년〉을 완성했는데, 이 작품 역시 후에 불후의 명저로 평가받는다. 1949년 발간된 이 소설은 '오세아니아'라는 가상국 국민들이 '당(黨)', 즉 '빅 브라더'라는 가공의 인물로 상징되는 정치기구에 의해 철저하게 통제받는 섬뜩한

---

* **러시아 혁명(10월 혁명)**: 1917년 2월 혁명 이후, 지주 부르주아지들의 임시정부와 노동자, 병사가 중심이 된 소비에트가 대립하고 있었다. 이때 망명지 스위스에서 귀국한 블라디미르 레닌은 '자본주의 타도 없이 종전은 불가능하다'는 10개 항의 4월 테제를 발표하면서 임시정부에 대항했다. 레닌의 요청으로 볼셰비키에서 봉기가 결의되고, 볼셰비키와 좌익사회주의 혁명당원을 주축으로 하는 적위대가 이를 행동에 옮겨 관공서 등을 무혈점령했다. 그리고 11월 7일에는 임시정부의 거점인 동궁(冬宮)을 함락하면서 볼셰비키는 권력을 장악했다. 그 후 러시아는 적군(사회주의자, 농민, 노동자 등 빈곤층)과 백군(부르주아지, 온건 사회주의자, 장교) 사이의 내전을 거쳐 소비에트 연방이 되었다. 혁명과 때를 같이 해 페트로그라드에서 소집되었던 제2차 전 러시아소비에트대회는 볼셰비키 중심의 새 정부인 인민위원회를 승인했으며, 레닌이 의장에 취임한 바 있다.

미래를 그리고 있다. 오웰의 폐병은 날로 악화되었다. 그는 죽기 직전인 1949년 10월 13일, 편집 보조원으로 일하던 소냐 브라운웰이라는 젊은 여성과 한 대학병원의 병상에서 약식으로 결혼식을 올렸다. 오웰은 1950년 1월 21일 폐결핵으로 사망했다. 하지만 그의 이름을 딴 '오웰적인 Orwellian'이라는 형용사가 사전에 수록된 사실에서 잘 알 수 있듯이, 그가 정치 문학에 끼친 공헌은 여전히 살아 숨쉬고 있다.

## 작품의 탄생

　　오웰은 런던의 밑바닥 사람들과 어울리면 어울릴수록 '사회주의'가 빈곤이란 난제의 유일한 해결책이라고 확신하게 되었다. 사회주의란 한마디로, 오직 국가가 생산수단과 분배를 통제할 때에만 모든 국민들이 국가가 창출하는 이익과 보상을 공평하게 나눠 가질 수 있다고 믿는 정치·경제 사상이다. 한 국가의 생산수단과 분배는 개인적으로 소유·관리해야 한다고 주장하는 자본주의와는 달리, 사회주의는 한 국가의 경제를 정부가 독점적으로 통제해야 빈부의 격차를 없앨 수 있다고 주장한다. 오웰은 극렬한 반자본주의자는 아니었으나 사회주의 사상과 관행을 영국 사회에 점진적으로 도입해야 빈곤층이 궁극적으로 국가의 부를 골고루 나눠 가질 수 있을 것이라고 굳게 믿었다.

　　그는 〈동물농장〉의 우크라이나판 서문에서 "나는 계획사회에 대한 이론적인 동경 때문이 아니라, 빈곤한 산업 노동자층이 억압받고 무시당하는 현실에 대한 혐오감 때문에 사회주의 지지자가 되었다"고 털어놓았다. 오웰은 스페인 내란에서 파시즘(집권당이 모든 경제를 전적으로 통제하는 억압적인 정부형태)에 항쟁한 이후, 각종 저술활동을 통하여 정치문제들의 해결책을 모색하는 데 온 힘을 쏟았다. 그는 "나는 왜 글을 쓰는가? Why I Write?"라는 수필에서 "내가 1936년 이

후 진지하게 쓴 모든 작품에서 직접적이든 간접적이든 전체주의를 배격하고 민주적인 사회주의를 옹호하기 위한 글이 아닌 부분은 한 줄도 없다”고 설명했다. 전체주의는 보다 극한 형태의 파시즘으로, 집권당이 사람들 삶의 모든 면에서 절대적인 지배권을 행사한다. 따라서 그의 문학작품들 대부분에는 전체주의에 대한 증오와 두려움이 뚜렷이 나타나 있다.

오웰은 여러 논픽션 작품을 통해 사회주의를 세밀하게 묘사했다. 하지만 그가 〈동물농장〉을 쓴 것은, 1917년에 일어난 러시아 혁명이 가난하고 핍박받는 수백만 러시아 국민을 위한 사회주의의 실현을 향해 한 발짝 내디딘 사건이라는, 당시 널리 퍼져 있던 그릇된 믿음이 동기가 되었다. 오웰은 극악무도한 스탈린의 집권은 그 과정이 야만적이었을 뿐 아니라, 레닌, 트로츠키, 또 어쩌면 스탈린 자신이 애초 혁명의 목적으로 삼았을 사회주의 원리에도 어긋나는 것이라고 생각했다. 그것은 지금 생각해 보면 명백한 사실이지만, 제2차 세계대전을 겪고 있던 유럽의 상황은 달랐다. 당시 영국의 많은 좌파 인사들은 러시아야말로 사회주의 공화국들을 통합할 진정한 연합체의 길을 가고 있다고 믿고 싶어 했기 때문에 러시아에 대한 그런 적대행위를 자발적으로 봉쇄했다. 러시아가 영국과 더불어 히틀러에 맞서 싸운다는 사실도 좌파 사상가들에 대한 오웰의 입지를 약화시켰다. 하지만 오웰은 소련이 사회주의가 아니라 전체주의를 향해 나아가고 있다고 믿었다. “나는 소련이 계급사회로 변모중임을 보여주는 명백한 징후들을 접하고 큰 충격을 받았다. 이런 사회의 지배자들은 다른 어떤 체제의 지배층보다 자신들의 권력을 포기할 이유가 더더욱 없다.” 오웰은 ‘사회주의 운동의 부활을 위해서는 소비에트 신화의 타파가 필수적’이라고 굳게 믿고, 사회주의와 스탈린에 대한 자신의 생각을 대중에게 가장 효과적으로 알릴 수 있는 방법을 궁리하기 시작했다.

어느 날 그는 우연히 한 시골 소년이 수레를 끄는 말에 채찍질하는 모습을 보면서 이 작품을 착상했다. 그 순간, 오웰은 자신의 구상을 〈동물농장〉으로 발전시키는 데 필요한 영감을 얻은 것이다. ‘그런 동물들이 자신의 힘을 자각하기만 하면 인간은 동물들에 대한 지배권을 잃을 것이며,’ 전체주의 정권이 민중을 착취하는 것처럼 ‘인간이 동물을 착취하고 있다는 생각이 머리를 스치고 지나갔다.’ 오웰은 즉시 진정한 사회주의 정부의 필요성을 역설하고, 민중을 지배하려는 권력층의 의지를 사회주의 사상으로 꺾는 방법을 세상에 알리는 소설의 집필을 계획했다. 그의 책은 러시아 혁명의 지도자들(특히 스탈린)이 온갖 사회주의적 선전에도 불구하고 어떤 식으로 전 시대보다 더 사악한 체재를 도입했는지를 잘 보여주고, 영국 독자들에게 소비에트 신화에 대한 맹신이 얼마나 위험한지를 경고하는 내용을 담고 있었다. 이 소설은 여러 출판사로부터 거절 당한 끝에, 마침내 세커 앤 워버그라는 작은 출판사에서 출간되었고, 결과적으로 영국과 미국에서 엄청난 성공을 거두었다. 억압정권 하의 삶을 묘사한 또 다른 소설 〈1984년〉에 버금가는 〈동물농장〉은 오웰의 작품 중 최고로 꼽힌다.

이 소설의 집필의도가 러시아 혁명의 묘사에만 있지는 않다. 이 작품은 숭고하고 이타적인 동기에 의해 행동하는 듯 보이는 정치지도자들이 스스로 그 이상을 배반하는 과정을 잘 그려내고 있다. 뿐만 아니라 소수의 권력자가 국민들을 이롭게 하기 위해서라는 위장된 명분을 내세워 제멋대로 착취하는 과정을 독자들에게 낱낱이 보여주고 있다. 아울러 농장, 즉 한 국가의 구성원들이 전체주의 정권의 통제를 받는 끔찍한 삶으로 힘없이 추락하는 과정을 세세하게 묘사한다. "나는 왜 글을 쓰는가?"에서 오웰은 〈동물농장〉을 '집필과정에서 철저히 의식적으로, 정치적인 목적과 예술적인 목적을 하나로 융합하고자 노력했던 최초의 책'이라고 설명했다. 그가 소설을 통해 이루려고 했던 정치적인 목적, 다시 말해 한 사회주의의 모델이 실패했음을 입증하는 예는 이 소설에 나오는 동물들이 여러 유형의 인간군상을 투영하는 방식과 그들이 자유와 권력을 위해 투쟁하는 모습에 잘 나타나 있다. 사람들은 '모든 동물이 평등한' 농장이 많은 사회적·경제적 문제들을 해결해 주리라 믿지만, 그런 체제는 유지되기 힘들다는 것을 오웰은 간파하고 있었다. 일부 동물들이 이른바 "어떤 동물은 다른 동물보다 더욱 평등하다"는 원칙에 맞춰 행동하기 때문이다.

어느 날 밤, 존스 씨 소유의 매너 농장에 살던 동물들이 모두 헛간에 모여 늙은 돼지 메이저의 꿈 이야기를 듣는다. 그 꿈은 모든 동물들이 인간주인들의 압제에서 벗어나 사는 자유로운 세상에 관한 것이었다. 메이저 영감은 그 모임이 있은 후, 얼마 지나지 않아 죽지만 그곳의 동물들은 메이저가 주창한 동물주의 철학에 깊은 감화를 받아 존스에 대한 반란을 모의한다. 스노볼과 나폴레옹이라는 두 돼지는 이 위험한 대사(大事)에서 핵심적인 인물이자 주모자로 등장한다. 어느 날 존스가 동물들에게 먹이 주는 것을 잊자, 그것을 계기로 혁명이 일어나고, 존스와 일꾼들은 농장에서 쫓겨난다. '매너 농장'은 '동물농장'으로 이름을 바꾸고, 동물들은 동물주의의 핵심을 나타내는 7계명을 헛간 벽에 페인트로 쓴다.

반란은 처음에 성공적이었다. 동물들은 그 해 추수를 마친 후 일요일마다 헛간에 모여 농장의 정책들을 놓고 토론을 벌인다. 돼지들은 지능이 높다는 이유로 농장의 감독관으로 승격된다. 그러나 나폴레옹은 점점 권력을 탐하는 지도자로 변해 우유와 사과 등을 훔쳐 자신을 비롯한 동료 돼지들의 배를 채운다. 그는 또 돼지들은 항상 도덕적이며 올바른 결정을 내린다고 다른 동물들을 납득시키는 데 비상한 능력을 지닌 스퀼러라는 돼지의 충성을 받는다.

같은 해 가을, 존스와 농장인부들은 동물농장을 습격해 농장의 탈환을 시도한다. 동물들은 스노볼의 전술에 힘입어 존스 일당을 물리친다. 이 싸움은 그때부터 '소외양간의 전투'라는 이름으로 전해진다. 겨울이 오자, 허영심 많고 리본과 설탕밖에 관심이 없는 몰리라는 말은 또 다른 인간의 꾐에 빠져 농장을 떠난다. 스노볼은 농장에 전기를 제공하고 이로써 동물들에게 보다 많은 여가시간을 보장해 줄 풍차 건설계획을 세우기 시작한다. 하지만 나폴레옹은 동물들이 풍차를 짓는 데 매달리면 식량을 생산할 시간이 줄어든다는 이유로 그 계획에 강력히 반대한다. 동물들을 대상으로 풍차 건설계획을 투표에 부친 일요일, 나폴레옹은 사나운 개떼를 회의장에 풀어놓아 스노볼을 농장에서 영원히 쫓아낸다. 나폴레옹은 앞으로 토론은 없을 것이라고 선언한다. 그는 또 동물들에게 풍차는 언젠가 세워질 것이며, 사실 풍차는 자신의 아이디어인데 스노볼이 훔쳐 간 것이라고 거짓말을 한다. 이후 소설 끝까지, 나폴레옹은 스노볼을 희생양으로 삼아 동물들이 겪는 모든 고통을 그의 탓으로 돌린다.

이듬해, 동물들은 시간과 에너지의 많은 부분을 풍차 건축일에 쏟는다. 놀랍도록 강인한 말 박서는 이 작업에서 핵심적인 동물로 부각된다. 한편, 존스는 농장을 포기하고 다른 지방으로 이사한다. 나폴레옹은 동물주의의 원칙을 어기고, 브로커를 고용해 이웃 농장들과 상거래를 시작한다. 절반쯤

지어진 풍차가 폭풍에 붕괴되자, 나폴레옹은 당연히 스노볼의 짓이라고 비난하며 동물들에게 다시 건축할 것을 명령한다.

나폴레옹은 권력을 향한 욕망이 커져, 급기야 전체주의적 독재자가 되어 죄 없는 동물들에게 '거짓 자백'을 강요하고, 농장 동물들 모두가 보는 앞에서 개들이 그들을 물어 죽이게 만드는 지경에까지 이른다. 그를 비롯한 돼지들은 존스가 전에 쓰던 집에 들어가, 침대생활을 시작한다. (이것을 스퀼러는 자신의 특기인 궤변으로 변명한다.) 동물들이 받는 식량은 점점 줄어드는 반면, 돼지들은 점점 살이 찐다. 8월에 풍차가 완성되자 나폴레옹은 목재더미를 이웃 농장의 주인인 프레드릭에게 판다. 하지만 프레드릭은 목재대금을 위조지폐로 지불한다. 프레드릭과 그의 부하들은 농장을 공격해 풍차를 폭파시키지만, 결국 싸움에서 패배한다. 한편, 동물주의 7계명을 돼지들이 무시하는 일이 잦아지면서 계명의 문구는 조금씩 수정된다. 예를 들어 어느 날 밤 돼지들이 술에 취하는 사건이 있은 후, 계명은 "동물들은 술을 마시면 안 된다"에서 "동물들은 술을 지나치게 많이 마시면 안 된다"로 바뀐다.

박서는 새로운 풍차를 세우는 일에 다시 한 번 전력투구하다가 결국 탈진해 쓰러지고 만다. 나폴레옹은 그 헌신적인 말을 폐마(廢馬) 도축업자(아교 제조업자)에게 팔아넘긴다. 동물들이 이 사실을 알고 분노하자 스퀼러는 박서가 수의사에게 보내졌으며, 병원에서 평화롭게 숨을 거두었다고 거짓말을 한다. 동물들은 이 이야기를 그대로 믿는다.

많은 세월이 지나고, 나폴레옹이 또 다른 이웃 농장주인 필킹턴으로부터 밭을 두 군데 구입하면서 동물농장의 영토는 확장된다. 돼지를 제외한 모든 동물들의 삶은 고달프다. 결국 돼지들은 뒷발로만 걸어다니기 시작하고, 예전의 인간 압제자들에게서 볼 수 있었던 속성들을 하나씩 드러낸다. 7계명은 "모든 동물들은 평등하다. 그러나 어떤 동물들은 다른 동물들보다 더 평등하다"라는 한 줄짜리 원칙으로 줄어든다. 이 소설은 필킹턴이 돼지들과 존스의 저택에서 술을 마시는 장면으로 끝난다. 나폴레옹은 농장의 이름을 다시 매너 농장으로 되돌린다. 카드 게임을 하던 나폴레옹과 필킹턴이 둘 다 스페이드의 에이스를 들고 있는 것을 알자 크게 다툰다. 창 밖에서 이 장면을 지켜보는 다른 동물들의 눈에는 누가 돼지이고 누가 인간인지 분간되지 않는다.

# 등장인물



**메이저** *Major*  늙은 수퇘지. 인간의 악행을 비난하는 연설을 통해 동물들이 반란을 일으키도록 부추긴다. '인간' 독재에 관련된 그의 철학은 추종자들에 의해 '동물주의'라고 명명된다. 그는 또한 동물들에게 "영국의 동물들"이라는 노래를 가르쳐준다.

**스노볼** *Snowball*  반란집단에서 최고지도자 중 한 명으로 부상하는 수퇘지. 풍차건설을 위한 복잡한 계획을 수립한 직후, 나폴레옹이 동원한 개들에 의해 농장에서 영원히 추방된다. 그 후 동물들이 겪는 모든 고통은 그의 탓으로 돌려진다.

**나폴레옹** *Napoleon*  스노볼과 함께 존스에 대한 반란을 지휘한 수퇘지. 혁명이 성공한 후, 조직적으로 농장의 모든 생활을 통제하기 시작해 결국 폭군이 된다.

**스퀼러** *Squealer*  나폴레옹의 대변인 역할을 하는 수퇘지. 이야기의 처음부터 끝까지 공허하고 현란한 언변을 통해 동물들의 생각을 조종하는 탁월한 능력을 과시한다.

**박서** *Boxer*  헌신적이지만 우둔한 말. 풍차건설에 전력을 다하지만 탈진하여 쓰러진 다음에는 폐마 도축업자에게 팔려간다.

**몰리** *Mollie*  사상이나 반란보다 리본과 설탕을 더 좋아하는 허영심 많은 암컷 말. 반란이 성공한 후, 보다 안락한 생활을 보장하겠다는 인간의 꾐에 빠져 결국 농장을 탈출한다.

**클로버** *Clover* 나폴레옹의 결정에 드러내고 반대하진 않지만 늘 의심을 품고 있으며, 박서가 쓰러진 후 그를 헌신적으로 돕는 정 많은 말.

**벤저민** *Benjamin* 항상 냉소적이고 비관적인 당나귀. '당나귀는 오래 산다'는 알쏭달쏭한 말로 다른 동물들의 의욕을 끊임없이 꺾어 놓는다.

**모세** *Moses* 길들여진 갈가마귀. 가끔씩 존스의 애완동물 노릇을 한다. 동물들에게 슈가캔디 산이라는 낙원 이야기를 들려준다.

**블루벨** *Bluebell*, **제시** *Jessie*, **핀처** *Pincher* 세 마리의 개. 나폴레옹은 제시와 블루벨 사이에 태어난 아홉 마리의 새끼들을 데려가 자신의 보디가드로 키운다.

### 인간들

**존스** *Mr. Jones* 매너 농장의 술주정뱅이 주인. 자신이 키우던 동물들에 의해 자기 농장에서 쫓겨난다. 그는 농장을 되찾을 희망을 접은 뒤 주정뱅이 요양소에서 죽는다.

**존스 부인** *Mrs. Jones* 존스의 아내. 동물들이 반란을 일으키자 농장에서 달아난다.

**윔퍼** *Mr. Whymper* 나폴레옹이 고용한 브로커. 동물농장이 이웃 농장들과 상거래를 꾀하자 중개자로 활약한다.

**필킹턴** *Mr. Pilkington*  이웃이며 방치된 농장인 폭스랜드의 소유주. 결국 자신의 땅 일부를 나폴레옹에게 팔며, 소설의 마지막 장면에서 나폴레옹의 성공을 축하하는 건배를 한다.

**프레드릭** *Mr. Frederick*  필킹턴의 적수로서 또 다른 이웃 농장인 핀치필드의 소유주. '자기 잇속만 챙기는 협상 자세'로 유명하며, 나폴레옹에게서 목재더미를 산 후 가짜 돈을 주는 사기를 친다. 나중에 동물농장을 공격해 무력으로 탈취하려다 전투에서 패한다.



**프레드릭** *Mr. Frederick*  필킹턴의 적수로서 또 다른 이웃 농장인 핀치필드

# 등장인물 관계도

## 동물농장에 사는 기타 동물들

Chapter별
정리
노트

# Chapter 1



## 반란의 싹은 움트고

매너 농장의 주인 존스 씨가 술에 취해 곯아떨어지자 농장의 동물들은 모두 열두 살짜리 돼지인 메이저 영감의 청으로 커다란 헛간에 모인다. 메이저는 인간주인들이 동물에게 자행하는 온갖 악덕과 '인간'의 압제에 맞선 반란의 필요성을 강조하는 선동적인 정치연설을 한다. 메이저는 '인간'이 동물들을 착취하고 해치는 여러 사례를 상세히 설명한 다음, 자기

가 꿈에서 인간 없는 세상을 봤다고 말한다. 그리고 나서 "영국의 동물들"
이라는 노래를 가르쳐준다. 동물들이 이 노래를 반복해서 부르자 잠에서
깨어난 존스는 여우가 농장마당에 들어온 줄 알고 침실 창문에서 총질을
한다. 총격에 놀란 동물들은 모두 흩어져 잠자리에 든다.



인물
탐색

이 소설의 주인공 중 상당수가 이 장에서 소개된다. 오
웰은 주요 인물들의 성격을 대략적으로 묘사하고 있다.
예를 들어 존스는 술꾼에다 경솔한 폭군으로 그려진다. 그의
음주습관은 그가 '장원(Manor)'이라는 농장 이름에서 주고
자 하는 웅장한 인상과 상반된다. 게다가 존스라는 매우 흔한
그 이름 자체가 '여타' 인간과 다를 바 없음을 암시한다. 메이
저 영감의 연설에서 중요한 주제는 모든 인간들의 압제다. 존
스의 불안정한 걸음걸이 ― 그가 들고 다니는 호롱불이 '춤추
는 모습'에서 알 수 있다 ― 와 코골며 자는 그의 아내는 바로
메이저 영감이 탐욕과 모든 악행의 화신으로 지목한 '인간'의
특징을 나타내고 있다. 사실 1장에서는 존스를 농장의 동물들
보다 더 동물 같은 존재로 묘사하고 있다. 취중 단잠이 방해를
받자 바로 총질을 한 데서 보여지듯이, 존스는 누가 자기 심기
를 거스르면 폭력으로 대응한다.

　　마찬가지로, 오웰은 헛간에 모인 동물들의 성격을 짧게

훑고 있다. 다시 말해, 메이저는 늙고 현명하며, 클로버는 인자하고 동정심이 많고, 박서는 힘이 세지만 우둔하고, 벤저민은 비관적이고 냉소적이며, 몰리는 허영심이 많고 유치하다. 이런 동물들 각각의 특징은 이야기가 진행되면서 더욱 뚜렷하게 나타난다.


그러나 이 장에서 가장 중요한 부분은 메이저의 연설이다. 오웰은 이 연설을 통해 정치적 웅변에 대한 깊은 이해뿐만 아니라 연설자가 그것을 이용해 군중을 자신이 원하는 방향으로 어떻게 조종하는지 잘 보여주고 있다. 메이저 영감은 연설의 서두에서 청중을 '동무'라고 부르면서 자신이 그들과 함께 할 날이 '이제 몇 달 남지 않았다'고 언급한다. 자신은 12년이라는 긴 생애를 통해 높은 지혜의 경지에 이르렀으며, 다른 동물들을 탁월한 지성인의 충고와 교정을 필요로 하는 방향 잃은 어중이떠중이가 아니라 모두 평등한 존재로 보고 있음을 암시함으로써 듣는 이들의 비위를 맞춘다. 그가 주창하는 '모든 동물은 평등하다'는 개념은 동물주의의 주요 원칙, 즉 반란의 이론적 근거가 된다.

메이저의 연설은 얼핏 17세기 영국 철학자 토머스 홉스의 사상을 대변하는 듯 보인다. 홉스는 〈리바이어던 *Leviathan*〉이라는 자신의 작품에서 인간이 타고난 속성을 통제하지 않으면 '불행하고 비열하고 야만적이며 열등한 삶을 살게 될 것'이라고 주장했다. 홉스는 모든 인간에게는 이기심이 내재되어 있기 때문에 사회가 파멸되지 않으려면 강력하고 권위적인 정부가 반드시 필요하다고 생각했다. 하지만 메이저는 그와는 반대로, '인간'의 압제를 타도하면 이 세상은 낙원이 될 것이라고 주장한다. 그리고 그는 동물 친구들을 억압의 희생자요, 악행을 저지르지 못하는 존재로 묘사한다. 메이저의 사상이 지닌 허점은 인간만이 사악한 짓을 할 수 있다는 전제다. 이 전제는 이야기가 전개되면서 뒤집히게 된다. 그는 "이 땅에서 '인간'을 제거하라. 그러면 우리가 겪는 굶주림과 중노동의 근본 원인이 영원히 사라질 것이다"라고 청중을 선동하지만, 이것은 후에 그렇지 않다는 것이 밝혀진다.


앞에서도 언급했지만, 메이저 영감은 훌륭한 웅변술을 갖고 있다. 미사여구를 동원해 연거푸 쏟아내는 질문들은 그의 주장을 더욱 설득력 있게 들리도록 한다. 그가 비유적으로 묘사하는 '잔인한 칼'과 '1년 안에 도살장에서 비명을 지르는' 동물들의 모습이 바로 그렇다. 메이저는 또 인간이 어떻게 동물가족들을 파멸시키는지, 어떻게 생산은 않고 소비만 하는지, 어떻게 식량을 빼앗는지, 어떻게 약한 동물들을 도살하는지, 어떻게 동물들이 제 몸조차 간수하지 못하게 하는지 등의 예를 들어 인간의 압제를 낱낱이 지적한다. 메이저는 정치적 슬로건—예를 들면 "모든 인간은 적이다. 모든 동물은 동지다" 같은 구호—을 사용하는데, 그것은 구호를 활용해야 박서 같은 단순한 청중들의 마음을 쉽게 사로잡을 수 있다는 것을 알기 때문이다. 그의 연설은 그가 설득의 대가임을 보여주는 예이며, 반드시 반란을 일으켜야 한다는 그의 주장은 패트릭 헨리가 버지니아의 민회*에서 피력한 주장을 상기시킨다. 당시 헨리는 영국과의 전쟁은 불가피하고 바람직하다고 주장했다.

　　궁극적으로 이 헛간 사건은 동물들이 메이저가 주창한 이상(理想)을 어긴다는 아이러니한 결말을 낳는다. 예컨대 메이저는 동물들에게 절대로 인간 압제자들을 흉내 내서는 안 된다고 경고하지만, 소설의 결말부에서 폭군처럼 군림하는 돼지들은 인간폭군들과 별 차이가 없는 행동을 보여준다. 메이저 영감의 꿈인 동물들의 유토피아는 얼마 안 있어 전체주의로 물든 악몽으로 변한다.

**주제탐색** "영국의 동물들"이라는 노래 역시 메이저가 청중을 선동하기 위해 쓴 수법이다. 소설 속의 화자는 그 노랫가락이 '클레멘타인과 라 쿠카라차와 어딘가 비슷하다'고 비꼬았지만, 동물들은 그 노래를 부르며 벅찬 감동을 느낀다. 노래로 시민들을 자극하는 것은 사실 옛날부터 써온 정치수법이며, "영국의 동물들"의 가사에는 메이저가 인간을 보는 시각이 함축되어 있다. 요컨대 그 노래는 모든 동물들―아일랜드 동물들도 포함되어 있는데, 오웰은 이런 사소한 부분이 영국의 독

---

* **민회**(民會): 미국 식민지시대에 시민들이 대표를 선출해 구성한 의회. 후에 하원으로 발전.

자층에게 공감을 줄 것임을 알고 있었다―이 인간 압제자들에 대항해 봉기하는 날을 그리고 있다. 코뚜레, 마구, 재갈, 박차, 채찍 등은 언젠가 쟁취하기를 바라는 자유를 호위하는 데 사용된 상징들이다. 식량과 풍요의 이미지 역시 이 노래의 호소력을 높이는 데 기여하고 있다. 이 강렬한 선동가의 합창은 언어가 사상조작을 위한 강력한 무기 또는 수단으로 사용될 수 있다는, 이 소설의 주제 중 하나를 반영하고 있다. 동물들도 나중에 깨닫게 되지만, 나폴레옹과 스퀄러 같은 인물들은 말로써 남들을 자기 마음대로 조종하는 데 능수능란하다는 것이 드러난다.

# Chapter 2

 **'매너 농장'이 '동물농장'으로**

　메이저 영감이 죽자, 동물들은 며칠 동안 은밀하게 반란을 모의한다. 하지만 언제 거사를 감행할지는 확실치 않다. 돼지들은 지능이 높기 때문에 다른 동물들에게 '동물주의'에 대해 학습시키는 책임을 맡는다. '동물주의'는 그들이 1장에서 메이저가 상세히 설명한 이론에 붙인 이름이다. 돼지 중 스노볼과 나폴레옹이 반란의 핵심역할을 한다. 몰리의 리본에 대한 집착과 모세가 들려 주는 이른바 슈가캔디 산에 대한 이야기에도 불구하고, 결국 돼지들은 동물주의의 원리를 다른 동물들에게 납득시키는 데 성공한다.

　존스가 또 술에 곯아떨어져 동물들에게 먹이 주는 일을 깜박 잊자, 굶주린 동물들이 먹이를 찾아 식량창고로 쳐들어가면서 드디어 반란이 시작된다. 존스와 농장인부들은 현장에 도착하자마자 채찍으로 동물들을 내리치기 시작한다. 하지만 얼마 안 있어 그들은 동물들의 공격으로 농장에서 쫓겨나게 된다. 의기양양한 동물들은 곧 농장에서 존스의 모든 흔적을 없애 버리고 배불리 먹으며 새로 얻은 자유를 마음껏 즐긴다. 그들은 존스의 집을 한 바퀴 둘러본 후, 그곳을 박물관으로 보존하기로 결정한다. 스노볼은 '매너 농장'이라는 간판을 '동물농장'으로 바꾸고 헛간의 벽에 동물주의의 핵심사상을 나타내는 7계명을 쓴다. 그때 소들은 다섯 양동이 분량의 젖을 짜 놓았는데, 나폴레옹이 모두 훔쳐간다.

메이저 영감의 죽음은 동물들이 그의 이론을 실천에 옮길 때가 왔음을 뜻한다. 이어지는 이야기에서 오웰은 메이저 영감이 제시한 미래상과 그것을 실현하려는 동물들의 시도 사이에 점점 격차가 벌어져 감을 묘사한다.

혁명의 지도자로 선택된 돼지들의 이름에는 그들의 개성이 잘 드러나 있다. 스노볼이라는 이름은 혁명이라는 말과 그럭저럭 잘 어울린다. 혁명이라는 게 흔히 '눈덩이처럼 커지게 마련이며', 소설의 끝부분에서 동물 지도자들이 그들의 전 주인들과 똑같이 행동할 때까지 부풀어 간다. 나폴레옹이라는 이름은 고집—인간 나폴레옹은 '제멋대로 행동하는 것'

으로 유명하다—과 말할 것도 없이 엄청난 권력욕을 암시하고 있다. 그의 권력욕은 소설의 후반부로 갈수록 보다 명확하게 드러난다. 스퀼러*는 그 이름이 암시하듯 돼지들의 대변인이 된다. 그는 '어려운 문제'에 부딪힐 때마다 '이쪽저쪽을 왔다갔다' 하며, 부드러운 언변으로 해결한다. 그는 어떤 의문이나 반대에 직면하면 항상 핵심을 살짝 '비껴가면서' 현란한 논리로 자신의 주장을 입증한다. 요컨대 그는 나폴레옹의 선전부 장관인 셈이다.

모든 애국자들과 혁명가들이 그렇듯 스노볼은 열성적이며, 자신의 대의명분을 따르는 지지자를 최대한 많이 확보하려는 결의에 차 있다. 그런데 두 동물이 잠시나마 그를 당황스럽게 한다. 스노볼은 동물주의의 옹호자로서 동료들에게 사치품을 멀리하라고 촉구하는 입장이므로, 설탕과 리본에 대한 집착에서 헤어나지 못하는 몰리에게 화가 난다. 그에게 몰리는 자기 용모와 안락한 생활에만 신경 쓰는 천박한 물질주의자일 뿐이다. 모세도 몰리처럼 스노볼에게 성가신 존재로 드러난다. 모세는 동물들의 머리에 슈가캔디 산에 대한 허황된 이야기를 채워 넣기 때문이다.

스노볼—다른 동물들도 마찬가지지만—이 몰랐던 것은 슈가캔디 산, 즉 낙원은 동물주의의 원리에 완벽하게 충실한

---

* **스퀼러**: squealer는 '밀고자' 또는 '불평꾼'의 의미다.

농장과 마찬가지로 그들이 결코 도달할 수 없는 목적지라는 사실이다. 성경에서는 모세가 국민들을 속박에서 구하여 약속의 땅으로 데리고 갔지만, 갈가마귀 모세는 어째 꾸며낸 것 같은 허황된 이야기만 읊어댈 뿐이다. 동물들이 그의 말을 그렇게 쉽게 믿는다는 사실은 —하늘에서건 농장에서건— 결코 찾을 수 없는 낙원에 대한 그들의 소망이 그만큼 크다는 것을 보여준다. 따라서 모세는 이 소설에서 '신앙심 돈독한 인물'로 그려져 있지만, 그것은 전적으로 역설적인 의미에서만 그렇다. 이 책에는 모세의 이야기가 동물들의 상황을 개선시키는 데 어떤 도움을 주고 있다고 암시하는 바가 전혀 없기 때문이다. 칼 마르크스의 유명한 말처럼, '종교는… 인간에게 아편'이며, 이런 개념은 모세의 이야기를 동물들이 수긍하는 부분에 잘 나타나 있다.

동물들은 존스를 농장에서 쫓아낸 후, 잃어버린 자기 땅을 수복해 그곳을 압제의 멍에에서 해방시킨 점령군처럼 행동하다. 코뚜레, 개의 목줄, 칼 등 존스의 지배를 나타내는 상징물들은 전부 경축의 화톳불 속으로 던져진다. 더욱 특기할 만한 사실은 동물들이 존스의 집을 박물관으로 보존함으로써 자신들만의 역사와 전통을 창조하려 한다는 점이다. 앞으로 동물들은 인간들이 한때 얼마나 끔찍한 사치생활을 했는지 보기 위해 그 집을 견학할 것이다. 하지만 동물들 모두가 그들의 압제자로부터 교훈을 얻어 초심을 잃지 않을 것이라는 생각은 슈가캔디 산처럼 현실적으로 존재할 수 없는 환상일 뿐이다. 마찬가지로, 매너 농장을 동물농장으로 개명한 것은 동물들이 적을 물리치고 승리했음을 상징한다. 그들은 농장의 이름을 바꿈으로써 앞으로 그 땅의 성격도 바꿀 것임을 시사하고 있다. 이것 역시 그들의 낙관주의와 순진함을 보여주는 또 하나의 예다.

동물주의 7계명은 성경에 나오는 십계명처럼 동물들의 행동을 도덕체계에 부합토록 완벽하게 명문화하려는 시도다. 7계명도 십계명처럼 직접적이고 솔직한 문체로 이루어져 있어 확대해석이나 수정의 여지가 없다. 7계명이 헛간의 벽에 '흰 글씨로 커다랗게' 쓰여진다는 사실은 이것을 영원한 법으로 만들고자 하는 동물들의 염원을 나타낸다. 십계명이 석판 위에 새겨짐으로써 영원불변함이 느껴지는 것과 같은 이치다. 물론 7계명도 십계명처럼 반드시 깨어지게 되어 있고, 자신의 악행을 변론하기 위해 허점을 찾는 자들에 의해 유린되기 마련이다.

문학적 장치 이 장의 끝부분에서 다섯 양동이의 우유가 사라지는 사건이 벌어지는데, 이것은 이야기가 진행되면서 계속 드러나는 나폴레옹의 냉혹한 성격을 암시한다. 한 암탉은 그 우유를 가축사료에 반죽해 모든 동물들이 골고루 먹도록 하자고 제안한다. 이것은 동물주의에 부합되는 훌륭한 생각이다. 동물주의의 7번째 계명은 바로 "모든 동물은 평등하다"이기 때문이다. 그럼에도 불구하고 나폴레옹은 우유가 담긴 양동이를 가로막은 채, 스노볼을 보내 동물들을 끌고 밭에 나가 일하게 한다는 점을 주목해야 한다. 여기서 독자들은 동물주의의 가장 기본적인 원칙을 헌신짝처럼 팽개치는 이 수퇘지의 무자비하고 탐욕스런 성향을 감지할 수 있다. 나폴레옹은 동물들의 애국심을 이용하고 있으며, 다른 동물들을 자신의 목적을 위해 조종하고 있다. 그의 목적은 처음에는 농장의 식량통제권을 최대한 확보하는 형태로 나타난다.

# Chapter 3

## 서서히 본색을 드러내는 돼지들

농기구들은 원래 인간이 쓰도록 만들어졌기 때문에 처음에 동물들은 그것들을 사용하는 데 어려움을 겪지만, 서로 협동해 무사히 수확을 마친다. 그것도 존스와 그의 일꾼들이 일했을 때보다 더 짧은 시간 안에 끝낸다. 박서는 강인하고 지칠 줄 모르는 일꾼으로 이름을 떨치며, 모든 동물들의 찬사를 한 몸에 받는다. 돼지들은 동물 노동자들의 감독관이자 지도자로 서서히 부상한다. 동물들은 일요일마다 큰 헛간에 모여 스노볼과 나폴레옹이 농장운영에 관련된 여러 문제를 놓고 토론하는 모습을 지켜본다. 두 돼지는 모든 문제에서 사사건건 부딪친다. 스노볼은 여러 동물위원회를 구성하지만 번번이 실패로 돌아간다. 단, 동물들이 글을 읽고 쓰는 능력을 일정 수준으로 끌어올리는 데에는 성공한다. 하지만 동물들마다 지적 수준이 달라 문자해독 능력은 조금씩 다르다. 스노볼은 동물주의의 교리를 보다 쉽게 이해할 수 있도록, 7계명을 "네 다리는 좋고, 두 다리는 나쁘다"는 단 하나의 표어로 축약한다. 한편, 나폴레옹은 젊은 동물들을 교육시키는 데 힘 쏟는다. 그는 제시와 블루벨 사이에 태어난 강아지 세 마리를 데려가는데, 아마도 교육시킬 목적인 것으로 짐작된다.

동물들은 암소들이 짠 우유와 바람에 떨어진 사과를 반죽해 만든 걸죽한 사료를 돼지들이 매일 먹는다는 사실을 알게 된다. 동물들이 항의하자, 스퀄러는 돼지들은 다른 동물들의 이익을 위해 열심히 일하기 때문에 건강과 체력을 유지하려면 우유와 사과가 필요하다고 설명한다.



가을 수확은 성공적으로 끝난다. 이것은 반란의 궁극적인 승리를 상징하는 듯 보인다. 하지만 오웰은 반란을 선동하면서 끌어댄 이상들을 돼지 자신들이 어기고 있음을 여러 가지 방식으로 암시한다. 돼지들이 육체노동은 전혀 하지 않으면서, 말들 뒤편에 서서 큰 소리로 작업지시를 내린다는 사실은 그들이 주인, 즉 그들이 그토록 뒤엎고자 했던 인간들과 매우 흡사한 지위를 누리고 있음을 암시한다.

스퀄러는 돼지들이 우유와 사과를 독차지한 이유를 설명할 때 탁월한 말솜씨와 '이쪽저쪽을 왔다갔다' 하는 현란한 협상능력을 발휘해 동물들에게 돼지들의 탐욕은 실제로 위대한 희생임을 확신시킨다. 그는 과학적 지식—아마 사과와 우유는 '돼지의 건강에 필수적'이라는 내용일 것이다—에 호소하고 돼지들은 그런 음식을 사실 좋아하지 않는다고 거짓말을 하는 등, 돼지들을 오로지 다른 동물들만 신경 쓸 뿐, 자신의 안위는 돌보지 않는 순교자급 인물로 묘사하는 엄청난 선전기술을 구사한다. 스퀼러가 "우리가 그 우유와 사과를 먹는 것은 다 여러분을 위해서입니다"라고 설명하자, 투덜거리던 다른 동물들은 그의 눈부신 궤변에 속아 돼지야말로 진정 이타적인 동물이라고 믿는다.

**문체 탐색** 스퀼러가 던지는 웅변적인 질문, 즉 "여러분 중 존스가 돌아오기를 원하는 동물이 있나요?"는 그가 존스의 이름을 들먹이는 첫 번째 사례에 불과하다. 후에 스퀼러는 동물들에게 그 어떤 불만이 있더라도 현재의 삶이 옛 주인 밑에 있을 때보다 훨씬 낫다고 설득할 때마다 어김없이 존스의 이름을 거론한다. 그런 스퀼러의 궤변을 접한 동물들의 반응—"돼지들이 건강을 지키는 일이 중요하다는 것은 너무나 분명했다"—을 묘사하는 오웰의 문장은 매우 역설적이며, 이것 역시 돼지들이 예전 압제자의 모습으로 서서히 변해 가고 있음을 독자들에게 암시한다.

**인물 탐색** 스노볼이 깃발을 만든 것은, 7계명과 존스의 집을 박물관으로 보존키로 한 결정처럼, 단결을 보다 굳건히 다지고 혁명의 승리를 강조하기 위한 동물들의 노력을 나타낸다. 그러나 스노볼이 조직한 각종 동물위원회는 동물들의 속성을 너무나 급진적으로 바꾸려 했기 때문에 모두 실패로 돌아간다. 암소들을 대상으로 '깨끗한 꼬리연맹'을 결성하려는 시도는 야생동물들을 '야생 동무들을 위한 재교육위원회'를 통해 길들이려는 시도처럼 실패하게 되는 운명을 피할 수 없다. 스노볼의 목적은 숭고하고 고귀할지 몰라도, 동물들의 속성을 인위적으로 바꿀 수 있다고 생각했다는 점에서 너무 순진하다. 이렇게 스노볼은 박식한 혁명이론가의 특성을 지니고 있는데, 이것은 나중에 풍차건설을 추진하는 과정에서 더욱 뚜렷하게 드러난다. 메이저 영감처럼 스노볼은 동물들의 속성에 관해 훌륭하지만 다소 순진한 생각을 갖고 있다.

나폴레옹은 스노볼과는 달리, 행동파 돼지로서 위원회 따위에는 별 관심이 없다. 2세 교육이 동물지도자의 가장 중요한 의무라는 그의 생각은 스노볼의 애타적인 사상과 같은 맥락인 것처럼 보인다. 하지만 그것은 소설 후반부에 나오듯이 나폴레옹이 젊은 동물들을 장악하려는 구실일 뿐이다. 나폴레옹은 비밀리에 그 새끼 동물들을 포악한 보디가드로 키워 농장을 공포정치로 다스리는 데 이용한다.

 우리는 돼지 외에 다른 동물들의 성격이 이 장에서 좀
더 명확히 드러나는 것에 주목해야 한다. 예컨대 박서
는 우둔하지만 헌신적인 일꾼으로 묘사된다. 그는 알파벳 네
글자 이상을 외울 수 없지만 모자란 지능을 보충하고도 남을
만큼 농장 일에 몸을 바친다. 그의 새로운 신조인 "내가 좀더
일하자"와 자발적으로 다른 동물보다 30분 일찍 일터에 나오
는 태도는 그가 돼지들이 만만하게 통제할 수 있는 바로 그런
부류의 동물임을 나타내고 있다. 사고능력이 없으면 맹목적으
로 순종하게 되어 있다. 박서처럼 양들은 생각에 몰입하기보
다는 구호를 반복하는 데 만족한다. 그들이 "네 발은 좋고 두
발은 나쁘다"는 구호를 외치는 모습은 나폴레옹이 다른 동물
들의 이견을 잠재울 때 어김없이 등장한다.

몰리의 허영심은 한창 바쁜 수확기에 일하려 하지 않
는 모습에서 뚜렷이 드러난다. 몰리는 자기 자신 말고는 그 어
떤 대의명분에도 헌신하지 못한다. 따라서 글 읽는 법을 배울
때에도 자기 이름 외에 다른 철자는 절대 배우려 들지 않는다.
스노볼—그리고 그의 지적인 공상—이나 나폴레옹—그리고
그의 무자비함—과는 달리, 몰리는 정치적 활동에서 어떤 역
할도 맡지 않는다.

마찬가지로 벤저민 영감의 성격도 이 장에서 보다 자세
히 묘사된다. 오웰은 벤저민이 '절대 변하지 않으며', 누가 혁
명에 대해 물어 보면 "당나귀는 오래 산다. 너희들 중 아무도

죽은 당나귀를 본 적이 없을 거다"라는 말만 되풀이한다는 점을 강조한다. 다른 동물들은 이런 답변을 '애매하다'고 치부하지만, 독자들은 벤저민의 속뜻을 짐작할 수 있다. 그는 혁명에 대해 지나치게 열광하는 태도를 경계하는 것이다. 어떤 새로운 정권이 들어서더라도 결국에는 권력남용의 유혹에 굴복하리라는 것을 알기 때문이다. 다른 동물들은 모두 글을 배우지만 벤저민은 "세상에는 읽을 만한 가치가 있는 게 없다"고 생각하기 때문에 결코 배우지 않는다. 그의 냉소주의는 다른 동물들이 지니고 있는 애국심과 어울리지 않으며, 그는 반란이 전적으로 고상한 명분에 의한 것이라는 설득에 넘어가지 않는다. 그리고 독자들도 돼지들이 하는 짓을 목격하고 나면 그 말을 믿지 않지 않게 된다.

# Chapter 4



## 수포로 돌아간 존스의 반격

여름이 지나고, 동물들의 반란 소식이 (스노볼과 나폴레옹이 보낸 비둘기들에 의해) 다른 농장에 퍼진다. 존스는 동네 술집에서 두 이웃 농장주 필킹턴과 프레드릭에게 신세타령이나 하면서 나날을 보낸다.

10월에 존스와 사내들 무리가 동물농장에 들이닥쳐 농장을 다시 손에 넣으려고 한다. 스노볼은 다른 동물들의 도움을 빌어 존스 일당을 몰아냄으로써 비범한 전략가임을 입증한다. 동물들은 승리를 자축하고, 그 싸움을 '외양간 전투'라고 명명한다.



비둘기들을 인근의 여러 농장에 보내 동물농장의 혁명 소식을 퍼뜨리겠다는 스노볼과 나폴레옹의 결정은 '제1급 동물영웅'의 제정과 마찬가지로 반란의 중요성과 의미를 강조하려는 시도다. 돼지들은 다른 동물들에게 동물농장의 소식을 알림으로써 돼지들은 타지역에서도 혁명이 일어나도록 부추겨, 궁극적으로는 메이저 영감의 꿈에 나타난 세상에서 살게 되기를 바란 것이다.

존스가 레드 라이언 술집에서 필킹턴, 프레드릭과 함께 불쌍하게 앉아 있는 모습은 동물들이 그토록 타도하고 싶어 했던 탐욕스럽고 이기적인 존재로서의 인간을 묘사한 것이다. 두 이웃 농장의 주인들은 비록 존스의 불행을 '원칙적으로' 동정하고 있지만, 오웰은 두 사람이 속으로는 각각 "존스의 불행을 자기 이익에 유리한 방향으로 이용할 방법이 없는지 은밀히 따져보고 있다"고 설명한다. 여기서 독자는 필킹턴이 소유한 폭스우드 농장의 관리상태가 '엉망이며', 프레드릭은 '끊임없이 소송에 휘말려 있고', '제 잇속만 챙긴다는 평판을 얻고 있다'는 점을 주목해야 한다. 이 두 인간은 동물주의의 원칙과는 정반대로 오로지 이기심과 물질적 이익에 대한 욕망의 추구를 신조로 사는 자들이다. (물론 독자들은 나폴레옹이 이 술집의 인간들을 점점 닮아가면서, 어떻게 동물주의의 원칙을 어기는지 이미 목격하고 있다.)

프레드릭과 필킹턴의 말에 따르면, 동물들은 '자연의 법칙에 반란을 일으키고 있다.' 여기에서 '자연'이란 인간이 모든 동물들의 삶을 지배하고 동물을 물질적인 이득을 위해 이용하는 세상을 말한다. 물론 인간들에게 '자연스럽다'고 여겨지는 것과 동물들에게 '자연스럽다'고 여겨지는 것이 같을 수는 없다. 또 이 소설에서 인간과 동물들의 속성을 바꾸려는 시도는 모두 실패로 돌아간다는 점에 주목할 필요가 있다.

이웃 농장들의 동물들도 이 반란의 사례에 감화받기 시작했다는 사실을 알게 되자, 존스는 자기 '재산'의 탈환을 시도한다. 그러나 그의 용감한 군사작전은 무능함이 더욱 뚜렷하게 드러나는 계기가 될 뿐이다. 존스는 비둘기똥 폭탄을 맞은 뒤 발에 채여 똥더미 속에 처박힌다. 이 장소는 동물 적군들이 볼 때 그에게 가장 어울리는 곳이다. 그가 농장에서 패퇴하는 장면은 소설 속의 인물들에게는 진지한 사건이지만, 이런 혼란스러운 모습과 시저 스타일의 전략을 농장 마당의 난투극에 응용했다는 점은 독자들에게 웃음을 안겨 준다.

전투중 부상당한 마부소년이 죽었다고 생각한 박서가 눈물 어린 걱정을 하는 모습은 그의 단순한 성품을 더욱 잘 보여주고 있으며, 그가 동물농장처럼 거친 환경에서 생존하기 어려우리란 사실을 암시한다. 소년의 몸을 발굽으로 뒤집으면서 "내가 고의로 이런 짓을 하지 않았다는 건 세상이 다 알 거야"라고 한탄하는 모습은, 스노볼이 상처 부위에서 피를 뚝뚝 흘리며 "전쟁은 전쟁이요. 오직 죽은 인간만이 선한 인간일 뿐이오"라고 읊조리는 모습과 극명한 대조를 이룬다. 적에게조차 큰 피해를 주고 싶어 하지 않는 박서와는 달리, 스노볼은 부하의 근심에 별 신경을 쓰지 않는다. 전사한 양의 장례식 연설에서 언급하듯 그에게 죽음은 혁명의 불가피한 부산물일 뿐이다.

이 장은 동물농장이 앞으로 농업보다 군사력 위주의 장

이 될 것이라는 암시를 주면서 끝난다. 무공훈장의 제정, 전투에 이름 붙이기, 존스가 두고 간 총으로 1년에 두 번 축포를 쏘기로 한 결정 등은 모두 의전행사를 선호하는 동물들의 성향을 보여주며, 동물농장이 동물주의의 7계명보다 계엄령으로 통치되는 장소로 천천히, 그러나 분명하게 변해가고 있음을 시사하고 있다.

# Chapter 5

## 스노볼을 쫓아내고 일인자가 되는 나폴레옹

　겨울이 오고, 몰리의 게으름은 점점 더 심해진다. 결국 클로버는 몰리가 필킹턴의 부하들이 준 뇌물에 넘어가 동물농장에서 달아난 사실을 알게 된다. 그들은 마침내 몰리의 충성심을 얻어낸 것이다. 몰리는 사라졌고, 비둘기들이 몰리가 늘 갖고 싶어 했던 리본을 머리에 꽂은 채 어떤 술집 밖에 뽐내며 서 있는 모습을 봤다고 보고한다.

　농장에서 돼지들의 영향력은 점점 커져간다. 그들은 모든 정책을 결정하고 동물들에게 자신들이 내린 결정사항들을 알려준다. 그러면 동물들은 다수결로 그 결정들을 승인한다. 스노볼과 나폴레옹은 항상 격렬한 논쟁을 벌인다. 그 중 언덕 위에 풍차를 세우는 문제를 놓고 가장 심각한 논쟁이 벌어진다. 스노볼은 풍차 건설을 찬성하는 쪽이다. 풍차는 궁극적으로 동물들의 노동을 절감시켜주는 유용한 수단이 되리라고 스노볼은 확신한다. 반면에 나폴레옹은 풍차를 짓는 것은 식량생산이라는 막중한 임무에 필요한 동물들의 시간을 앗아갈 것이라며 반대한다. 두 돼지는 또한 (나폴레옹의 주장대로) 무기를 더 확보해야 하느냐, 혹은 (스노볼이 생각하는 대로) 보다 많은 비둘기들을 이웃 농장에 보내 혁명소식을 전파해야 하느냐는 등의 문제를 놓고 의견 차이를 보인다. 풍차 건설계획을 투표에 부치기로 한 일요일, 나폴레옹은 아홉 마리의 사나운 개를 풀어 농장에서 스노볼을 쫓아낸다. 그 후, 나폴레옹은 모든 토론을 금지한다고 선언하고

농장에 적용할 여러 새로운 규칙들을 제정한다.

스노볼이 추방된 지 3주일 후, 나폴레옹은 풍차는 지어질 것이라고 선언하여 모든 동물들을 놀라게 한다. 그는 스퀼러를 동물들에게 보내 그 풍차계획은 처음부터 나폴레옹의 아이디어였는데 스노볼이 훔쳐간 것이라고 설명한다.



몰리의 배반은 그녀가 이 소설 초반에 드러난 것보다 훨씬 더 물질주의에 물든 속물이라는 인상을 심어준다. 그녀가 설탕과 리본—스노볼이 2장에서 자유에 전혀 불필요한 것으로 비난한 두 품목—에 매수되어 동물농장을 떠났다는 사실은 정당한 노력 없이 사치품을 탐하는 그녀의 욕심을 잘 보여준다. 그녀는 동물농장의 정책이 싫어 도망간 변절자로 간주되고, 다른 동물들은 아무도 그녀 얘기를 입에 올리지 않는다. 그들은 동물주의와 혁명의 대의를 저버린 그녀를 수치스러워한다. 그러나 그들의 암묵적인 비난에도 불구하고 비둘기들은 몰리가 농장에 남아 있는 다른 동물들보다 훨씬 더 '즐겁게 사는 것 같다'고 보고한다. 몰리는 예전 동무들의 눈에는 정치적으로 천박하게 보일지 몰라도 분명히 훨씬 더 안락한 삶을 누리고 있다. 이 사실은 적과 어울려 잘 사는 것과 동무들과 함께 힘들게 사는 것 중 어느 삶이 더 나은가, 하는 문제를 던진다. 이 소설은 엄밀히 말해, 몰리가 정치적 혹은 도의적 동기에서 동물농장을 떠난 것은 아니지만 결과적으로 현명한 판단을 했다는 것을 암시한다.

한편, 이 시점에서 돼지들은 더욱 큰 권력을 손에 넣는다. 전에는 '감독관' 정도였지만, 이제는 '농장정책에 관한 모든 문제들'을 결정하는 위치에 올라 있다. 물론 그들이 내린 결정들은 여전히 다른 동물들의 승인을 받아야 하지만, 오웰은 돼지들이 서서히, 그러나 꾸준히 권력기반을 강화하고 있음을 암시한다. 하지만 그 해 겨울 닥쳐온 '지독하게 험악한 날씨' 때문에 스노볼과 나폴레옹 사이에는 '지독하게 험악한' 논쟁이 벌어진다. 사실 '논쟁'이라는 말은 정확한 단어가 아니다. 스노볼만 웅변과 논리로써 다른 동물들의 마음을 움직이려 시도하기 때문이다. 나폴레옹은 훗날 스퀼러가 '전략'이라고 미화하는 온갖 술수들을 써서 제 갈 길을 간다. 예를 들어, 나폴레옹은 스노볼이 연설할 때 결정적인 순간이 되면 특유의 '매애~' 하는 소리로 "네 발은 좋고 두 발은 나쁘다"는 구호를 외쳐 연설을 난장판으로 만들도록 평소에 양들을 훈련시킨다. 이처럼 회의장을 자신의 우매한 추종자들로 채우는 것은 나폴레옹의 계산된 전략이다. 이 장 뒷부분에 나오는 사건, 즉 나폴레옹이 아홉 마리의 사나운 개를 회의장에 풀어놓는 수법이야말로 나폴레옹이 궁극적으로 원하는 '토론기법'이다. 다시 말해 나폴레옹이 의견의 불일치를 해결하는 방법은 웅변이 아니라 폭력이다.

**문학적 장치** 풍차 자체는 기술발전의 상징이다. 스노볼은 풍차를 건설하고 싶어 한다. 그것을 지으면 농장이 어느 정도 자급자족 체제를 갖출 수 있으리라 생각하기 때문이다. 그것은 동물주의의 원리에도 부합된다. 하지만 나폴레옹은 독재통치권을 확립하는 데에만 몰두해 있기 때문에 풍차에는 전혀 관심이 없다. (그래서 스노볼의 공사계획서에 오줌을 누기까지 한다.) 풍차문제를 놓고 토론을 벌일 때, 스노볼은 풍차가 완공되면 동물들은 일주일에 사흘만 일하면 된다고 주장하는 반면, 나폴레옹은 '풍차를 짓는 데 시간을 낭비하면 모두 굶어죽을 것'이라고 주장한다.

**인물 탐색** 스노볼은 앞을 내다보고 국가의 미래를 염려하는 지도자인 반면, 나폴레옹은 오직 현재만을 생각하는 인물이다. 즉 그가 꿈꾸는 미래는 동물들이 여가활동을 즐길 시간이 없게 만들어 놓은 상태에서 자신이 완전한 통치권을 갖는 것 뿐이다. (이 점은 스노볼이 전 세계의 모든 동물들이 압제에 대한 봉기를 일으킬 수 있도록 혁명의 메시지를 타지역에도 전파해야 한다고 주장하는 반면, 나폴레옹은 무기의 확보를 줄기차게 원하는 모습에서 또 한 번 극명하게 드러난다. 무기는 유사시 자기 국민에게 사용할 수 있는 것이기도 하다.) 요컨대 스노볼이 풍차를 통해 제시하는 삶의 미래상은 매우 바람직하지만 환상에 불과하다는 점에서 모세가 꿈꾸는 슈가캔디 산과 다를 바 없다.

**주제탐색** 우리는 벤저민이 두 마리 돼지 중 어느 편도 들지 않고, 슬로건에도 전혀 신경 쓰지 않는다는 점을 유의해야 한다. 독자들도 그렇겠지만, 그는 스노볼의 야심만만한 계획에 회의적이며, 동시에 나폴레옹의 술수도 경계한다. 벤저민은 자신이 확실하게 아는 것만 믿을 뿐이다. 그리고 그의 생각은 "풍차가 있든 없든 삶은 언제나 그래왔듯이 고달프다"는 말 속에 잘 요약되어 있다. 이 냉소적인 발언은 아마도 소설 전체를 통틀어 가장 중요한 말일지도 모른다. 모든 이념, 계획, 전투, 전략, 토론, 배신, 주장, 그리고 동물들의 분노에도 불구하고, 결국 그들은 삶의 수레바퀴를 완전히 한 바퀴 돌아 애당초 그렇게 피하고자 했던 바로 그 생활로 되돌아가는 것으로 결말지어지기 때문이다. 소설 전편을 통해 몇 차례 등장하는 벤저민의 말처럼, 오웰은 벤저민의 입을 통해 독자들에게 자신의 메시지를 직접 전하고 있다.

나폴레옹의 신생권력은 전적으로 폭력의 위협에 기초를 두고 있다. 그것은 스노볼을 아예 농장에서 축출함으로써 그와의 논쟁에서 승리를 거둔 데에 잘 나타나 있다. 모든 토론을 금지시키는 그의 결정은 권력을 향한 만족할 줄 모르는 탐욕을 반영한다. 토론이란 것이 다양한 관점을 탐구하고 모색한다는 정신에서 이루어지는 한, 국민들이 자기 자신들을 통치할 정부를 수립하는 데에는 필수적인 요소다. 그러나 나폴레옹은 토론을 '불필요한 것'으로 여긴다. 그는 자신의 명령에 대한 문제제기를 용납하지 않으며, 어떤 반대도 침묵시키고 싶어 한다. 오웰의 〈1984년〉에는 무소불위의 정권을 상징하는 '빅 브라더'라는 존재가 등장한다. 나폴레옹은 바로 빅 브라더처럼 범접할 수 없는, 신 같은 존재로 변모하기 시작한다. 네 마리의 수퇘지가 나폴레옹의 집권방식에 반대의견을 내놓자 개들이 위협하기 시작하고, 양들이 특유의 "네 발은 좋다"는 구호를 끝없이 부르짖는 점도 유의해야 한다. 고도의 선전과 폭력의 위협이 어우러진 이런 전술이 나폴레옹의 통치철학을 이루고 있으며, 그것은 〈1984년〉에 나오는 정부의 배경이념과 똑같다. 나폴레옹이 메이저 영감의 유해를 발굴하는 행위는 만인의 사랑을 받는 동물주의의 창시자와 자신을 연결시키고자 하는 나름대로의 전략이며, 자타가 인정하는 또 하나의 화려한 선전수법이다.

 스퀼러는 이 장에서 한층 더 현란한 언변을 과시한다.
앞서 벌어진 우유와 사과 사건에서도 그랬듯이, 스퀼러
는 나폴레옹의 죄를 교묘하게 포장해 그를 독재자가 아닌 일
종의 순교자처럼 보이게 만든다. 나폴레옹의 집권을 '희생'이
라고 부르고 지배자 노릇이 '전혀 즐거운 일이 아니라고' 말함
으로써 이 나서기 좋아하는 돼지는 전에 누군가가 얘기했듯이
'검은 것도 흰색으로 둔갑시키는' 재주를 피운다. 더욱 괘씸한
것은 역사마저 수정하는 그의 능력이다. 다시 말해, 그는 동물
들에게 소외양간 전투에서 스노볼이 올린 공적은 '크게 과장
되었다'고 말하며, 나폴레옹이 풍차 건설계획을 추진하기로
결심한 후에는 그 계획이 원래 나폴레옹의 아이디어였다고 말
한다. 여기서 또 한 번 오웰은 〈1984년〉에서처럼, 권력을 잡
은 자들이 현재와 미래에 대한 통제권을 유지하기 위해 과거
역사를 어떻게 왜곡하는지 폭로하고 있다. 스퀼러가 말하는
이런 '전략' 덕분에 나폴레옹은 상황을 항상 자신에게 유리한
쪽으로 몰고 갈 수 있다. 그래도 동물들이 반대하면 스퀼러를
수행하는 세 마리 개들이 확실한 진압수단으로 활약한다. 스
퀼러의 현란한 말솜씨와 개들의 사나운 주둥이에 시달린 동물
들은 새로운 정권에 복종하는 것 외에는 선택의 여지가 별로
없다.

# Chapter 6

  **침대생활을 시작하는 돼지들**

해가 바뀌고, 동물들은 그 어느 때보다 열심히 일한다. 풍차건축은 고된 작업이고, 박서는 육체적 힘과 헌신적인 태도로 타의 모범이 된다. 나폴레옹은 농장의 수확물을 가지고 이웃 농장들과 교역할 것이며, 이를 위해 중개인인 윔퍼 씨를 대리인으로 삼겠다고 선언한다. 다른 인간들은 술집에 모여 풍차가 무너질 것이고, 동물농장이 파산할 것이라는 각자의 의견을 놓고 열띤 토론을 벌인다. 존스는 자기 농장을 되찾으려는 노력을 포기하고 다른 지방으로 이사 간다. 한편, 돼지들은 존스가 쓰던 농장 집에 들어가 침대에서 자기 시작한다. 그것을 스퀼러는 돼지들이 농장을 경영하면서 매일 심한 스트레스를 받기 때문에 안락한 휴식이 필요하다는 논리로 변명한다.

그해 11월, 폭풍이 불어와 절반 정도 지어진 풍차가 붕괴된다. 나폴레옹은 동물들에게 풍차가 쓰러진 것은 스노볼의 짓이라고 말하며, 누구든 스노볼을 죽이거나 산 채로 잡아오면 후한 상을 주겠다고 발표한다. 그러고 나서 나폴레옹은 그날 아침부터 풍차 재건에 착수한다고 선언한다.

　　1년이라는 세월이 지나자 모든 동물들은 (벤저민을 제외하고) 나폴레옹의 선전을 한 치의 의심 없이 받아들이게 된다. 동물들은 '노예'처럼 일하면서도 '자신들이 하는 모든 행동은 자신들의 이익을 위한 것'이지 '게으르고 도둑질 잘하는 인간들을 위한 것이 아니다'고 생각한다. 나폴레옹은 동물들에게 일요일에도 일하라고 명령하고, '엄밀히 말하면 자발적인 일'이라고 하면서도 자원해서 일하지 않는 동물은 식량배급량이 절반으로 줄어들 것이라고 덧붙인다. 이런 식으로 나폴레옹은 굶주림의 위협을 무기로 삼아 단결심(동물들은 '자발적'이라고 말하지만)을 이끌어낼 수 있었다. 명백한 독재정

책(강요된 노동)을 표면상 자비로운 사회적 운동(자원봉사)으로 둔갑시키는 수법은 나폴레옹이 동물들에게 끊임없이 일을 시키고 순종하도록 만드는 데 쓰는 또 다른 통치수단인 셈이다.

나폴레옹이 구사하는 선전의 효과는 박서가 풍차 건설 작업에서 보여주는 불굴의 헌신적인 태도에서도 잘 나타난다. 클로버가 너무 몸을 혹사하지 말라고 경고했을 때조차 박서는 "내가 좀더 일하자"와 "나폴레옹은 항상 옳다"는 생각만 할 수 있을 뿐이다. 그가 슬로건식으로만 생각할 수 있다는 사실은 어떤 진정한 사고행위도 할 수 없음을 드러낸다. 이런 슬로건은 추종자들이 계속 헌신적이고 순종적이고 우둔한 상태로 있기를 바라는 나폴레옹 같은 지도자에게는 강력한 무기다.


나폴레옹이 권력강화를 위해 써먹는 방법 중 '희생의 정책'이 가장 효과가 크다. 실제로 '희생'은 이 소설에서 빈번하게 반복되는 단어다. 나폴레옹은 다른 동물들로부터 동물주의의 7계명을 위반한다는 의심을 받으면 이 말을 써서 변명하곤 한다. 예컨대 동물농장은 인간들과 상거래를 할 것이며, 따라서 암탉들은 자기가 낳은 알들을 팔아야 할 것이라고 명령하면서 암탉들에게 "이 희생을 풍차건설을 위한 특별한 공헌으로 받아들여야 한다"고 말한다. 인간과의 상거래라는 문제를 놓고 다른 동물들의 반발에 부딪히자 나폴레옹은 그들은 어떤 인간하고도 직접 접촉할 필요가 없다고 말한다. 왜냐하면 "자신이 모든 책임을 자기 어깨에 짊어지기로 결심

했기 때문이다." 우유와 사과—돼지들은 이런 것을 원래 안 좋아하는 척했다—사건 때처럼, 나폴레옹은 자신을 박서 같은 동물로 교묘하게 위장한다. 물론 독자들은 그 돼지와 그 말이 각각 이기심과 헌신적인 희생정신의 화신이라는 점에서 정반대의 인물임을 알고 있다. 하지만 어떤 동물이든 나폴레옹의 거짓 겸손을 간파하고 있는 척만 해도 5장에서 스노볼이 당한 것처럼 양들의 구호소리와 개들의 으르렁거림이 어우러진 합동공격을 면치 못할 것이다.

스퀼러는 나폴레옹의 계획에 반대하는 동물들을 설득하는 본연의 직무를 충실히 수행한다. 그는 돈이나 상거래를 거부하는 결의는 애초부터 없었으며 동물들이 꿈을 꾼 게 틀림없다고 말할 때에는 역사를 비유적으로 수정한다. 그러나 "동물들은 침대에서 자면 안 된다"는 네 번째 계명을 "동물들은 침대에서 담요를 덮고 자면 안 된다"로 바꿀 때에는 말 그대로 역사를 수정한다. 클로버는 원래의 문구에서 두 단어가 추가되었다는 것을 알고 당연히 의구심을 품지만, 곧 나폴레옹 정권의 주장에 세뇌되어 자기가 착각했다고 결론짓는다. 스퀼러가 돼지들이 침대에서 자야 하는 이유를 설명하면서 늘어놓는 말은 일반상식에 어긋나는 일종의 궤변이다. "침대는 단순히 잠을 자는 장소를 뜻한다"와 "짚더미도 엄밀한 의미에서는 침대다"라는 말은 그가 잘 쓰는 언어조작의 사례다. 물론 그가 구사하는 언어 중 가장 강력한 효과를 발휘하는 단어는 '존스'다. 그가 "분명히 여러분 중 어느 누구도 존스가 돌아오기를 바라지 않겠지요?"라고 물으면 동물들은 어김없이 의심이나 반대를 모두 거둬들이니까.

　　풍차의 붕괴는 스노볼이 꿈꾼 미래의 모습이 실패로 돌아갔음을 나타낸다. 오웰은 또 이 사건을 어떤 기회든지 자신의 목적을 달성하는 데 활용하는 나폴레옹의 엄청난 능력을 보여주는 또 하나의 사례로 삼고 있다. 모든 동물들이 무너진 풍차를 지켜보는 가운데 나폴레옹은 자신이 우유부단한 실패자로 비춰질 것을 두려워한 나머지, 스퀼러가 존스를 끌어들이듯 그 즉시 스노볼의 이름을 들먹인다. 그는 묻는다. "여러분들은 밤에 농장에 침입해 우리의 풍차를 박살낸 놈이 누군지 아시오? 바로 스노볼이오!!" 이때부터 소설의 끝까지, 스노볼은 나폴레옹이 저지르는 모든 실패의 책임을 뒤집어쓰는 희생양으로 이용된다. 그가 곧이어 풍차의 재건과 슬로건의 합창을 명령하는 이유는 자기가 꾸며낸 스노볼에 대한 이야기의 진신성에 대해 동물들이 곰곰이 생각할 틈을 주지 않기 위함이다. 그는 입으로는 "영원하라, 동물농장이여!"라고 선창하지만, 속으로는 "영원하라, 나폴레옹!"이라고 말하고 있다.

# Chapter 7

 **굶주림과 공포정치는 점점 심해지고**

외부의 인간들이 동물농장의 실패를 고대하는 마음을 가지고 그곳을 주시하는 동안, 동물들은 굶주림에 맞서 힘겹게 싸운다. 나폴레옹은 윔퍼 씨을 이용해 동물농장이 풍요롭다는 거짓 정보를 인간 세상에 퍼뜨린다. 암탉들은 자신들이 낳은 달걀을 모두 포기해야 한다는 사실을 알고 시위를 벌이지만, 나폴레옹이 그들에게 식량배급을 중지하자 맥없이 항복한다. 이 시위의 대가로 아홉 마리의 암탉이 죽는다.

동물들은 밤마다 스노볼이 농장에 들어와 그들이 해놓은 일을 심술궂게 망치고 있다는 식으로 설득당한다. 스노볼은 동물들의 안위에 영원한 (그리고 가상의) 위협적인 존재가 되어 버린다. 마침내 스퀼러는 스노볼이 프레드릭에게 자기 자신을 팔았으며 존스와는 처음부터 공모했다고까지 이야기한다.

어느 봄날, 나폴레옹은 모든 동물들이 참석하는 회의를 소집한다. 회의에서 그는 이제까지 자신을 한 번이라도 의심했던 동물들 모두 — 5장과 6장에 나오는 네 마리의 돼지, 항의시위를 주동한 세 마리의 암탉 등 — 에게 자백을 강요한 다음, 개들을 시켜 모두 처형한다. 그 후에도 많은 동물들이 거짓 죄를 고하는데, 그들은 한결같이 스노볼의 사주를 받아 그 죄를 저질렀다고 자백한다. 마침내 "영국의 동물들"이라는 노래는 불법화되고, 나폴레옹 수하에 있는 시 쓰는 돼지 미니머스가 새로 만든 노래가 채택된다. 하지만 동물들은 그 노래에서 예전 국가만큼의 의미를 느끼지 못한다.



농장의 어려운 현실에 직면한 나폴레옹은 민중의 굶주림과 그런 사실의 외부유출이라는 문제를 해결하지 않으면 안 되었다. 그런 얘기가 새어나가면 엄청난 피해를 입을 수 있기 때문이다. 이 난관을 극복하기 위해 나폴레옹은 이를테면 영화감독 같은 역할을 맡아 한 편의 연극을 연출한다. 비유적 관점에서, 윔퍼 씨는 관객이고 나폴레옹은 그를 착각에 빠지도록 유도한다. 양들은 식량배급량이 늘어났다는 대사를 배우처럼 암송한다. 이때 모래를 채운 곡간의 궤짝들은 소도구 또는 '특수효과'다. 윔퍼는 이런 꾀에 속아 동물농장이 원활하게 운영되고 있다고 생각한다. 나폴레옹은 기발한 사기술을 또 한 차례 발휘한다. (역설적으로, 이번 사기극은 나중에 스퀼러가 소외양간 전투에서 스노볼이 존스와 공모했다고 비난한 것과 정확하게 일치한다.)

스노볼에 대한 악의에 찬 거짓말에는 더욱 짙은 사기성이 담겨 있다. 히틀러가 집권과정에서 유럽에 거주하는 유태인들에게 그랬던 것처럼, 나폴레옹은 농장에서 일어나는 그 어떤 불상사도 스노볼을 희생양으로 삼아 해결한다. 두 지도

자는 모두 자신들이 겪는 모든 고통의 원인을 외부에 있는 것으로 돌리고 싶어 하는 대중의 욕망을 꿰뚫고 있는 셈이다. 돼지들이 스노볼과 존스의 관계를 증명하는 '문서들'을 발견했다는 스퀼러의 주장은 증거를 원하는 동물들의 욕구를 충족시킨다. 하지만 문서들은 당연히 존재하지 않으며, 농장의 동물들에게 보여줘 봐야 읽지 못한다는 이유로 한 번도 공개되지 않는다. 모래로 채워진 곡간의 궤짝처럼, 스노볼의 '문서들'은 나폴레옹이 자신의 통치에 도전할 여지가 있는 자들의 생각을 조종하기 위해 사용한 또 하나의 모략일 뿐이다. 동물들은 풍차의 얇은 벽이 붕괴원인이라는 말을 믿으려 하지 않으며, 스노볼을 희생양으로 삼은 사상을 맹목적으로 신봉하는 정도가 되어 버린다.

　　　나폴레옹의 지배를 실질적으로 위협하는 자들은 신속하고도 잔인하게 처리된다. 나폴레옹은 농장의 모든 동물들을 소집한 자리에서 반대자들을 공개적으로 처형한다. 그것은 어느 누구도 자신의 명령을 거부하면 이렇게 된다는 것을 다른 동물들에게 알려주기 위해서다. 일요일의 전체회의를 금지한 나폴레옹의 결정에 항의했던 돼지 네 마리가 나폴레옹 앞에 끌려나와 그에게 조금이라도 관용을 얻으려고 자신들이 스노볼과 비밀리에 접촉해 왔다고 거짓 자백을 한다. 이것은 암탉들에게 쓴 수법과 똑같은 것인데, 이들도 마찬가지로 비참하게 처형된다. 하지만 스노볼의 교사로 범죄를 저질렀다고 거짓 자백한 동물들의 숫자가 그렇게 많다는 것은 동물들을 사로잡고 있는 공포심이 얼마나 큰지 간접적으로 보여준다. 동물들은 이제 옥수수 여섯 알갱이를 훔치거나 먹는 물에 오줌을 눈 것과 같은 사소한 죄도 자백해야 한다고 생각할 정도다.

동물들의 자백장면은 세일럼 마녀재판*을 연상시킨다. 마녀재판에서는 겉보기에 멀쩡한 사람들이 자신들의 정신적인 고통을 덜기 위해 사탄과 어울렸다고 느닷없이 고백한다. 한편 소설에서는 동물들이 자신들의 죄가 발각될 것을 두려워해 미리 자백한다. 죄의 중압감을 견딜 수 없기 때문이다.

---



* **세일럼 마녀재판**: 1692년 미국 매사추세츠 주 세일럼에서 있었던 마녀 재판. 19명의 마녀가 교수형에 처해지고 다른 많은 혐의자들이 박해당한 광란적인 사건.

이 장의 말미에서 박서와 클로버는 이제 동물농장의 특징이 되어 버린, 공포와 죽음으로 가득 찬 끔찍한 분위기를 놓고 이야기를 나눈다. 박서는 당연히 '뭔지 모르지만 우리가 저지른 잘못'을 속죄하기 위해 더 열심히 일해야 한다고 결론짓는다. 자백한 다른 동물들처럼 그 역시 저지르지도 않은 죄값을 치르고 싶어 한다. 하지만 클로버는 미약하나마 사태를 꿰뚫어본다. 그 말은 언덕 위에서 농장을 바라보며, 자신이 목격하고 있는 이 공포는 메이저 영감이 꿈 이야기를 할 때는 그가 생각지도 않았던 것임을 떠올린다. 하지만 그런 생각을 '말로 표현할 능력'이 없었기 때문에 혁명적일 수도 있었던 그 말의 생각은 결코 실천에 옮겨지지 않는다. 스노볼이 없으니, 어떤 동물도 글 읽을 기회를 갖지 못한다. 역사를 통틀어 모든 노예에게 글 읽는 기회를 박탈한 것과 같은 이유로 말이다.

나폴레옹이 "영국의 동물들"이라는 노래를 불법화한 것은 완전한 지배권을 확립하기 위한 추가조치다. 나폴레옹은 그 노래 대신 분명히 좀더 부드러운 노래로 대체한다. 메이저 영감이 동물들에게 그 노래를 가르쳐준 문제의 그날 밤처럼, 그 노래가 동물들에게 반란의 의욕을 부추길지도 모른다는 우려 때문이다. 새로운 노래는 지도자를 타도하는 내용은 없고, 농장보존을 위한 동물들의 책임감을 강조하고 있다.

동물농장이여, 동물농장이여
그대 우리가 지켜주리니!

물론 이 결정에 대해 아무런 토론도 벌어지지 않는다. 스퀼러를 따라다니는 양들이 '매에~' 하는 소리로 합창해 모든 논쟁을 봉쇄해 버리기 때문이다. 동물들이 같은 종족에 의해 피를 흘린 이상, 이제 동물농장의 모습은 예전과 절대로 같지 않을 것이다.

# Chapter 8

 졌지만 이긴(?) '풍차의 전투'

　해가 바뀌고, 풍차를 세우는 일로 동물들의 작업량은 늘어난다. 스퀼러는 나폴레옹의 통치 하에 식량생산이 엄청나게 늘어났음을 보여주는 각종 수치를 들이대지만, 동물노동자들에게 돌아가는 식량은 점점 줄어든다. 나폴레옹은 권력이 더욱 강화되면서 공공장소에 모습을 드러내는 일이 적어진다. 그에 대한 대중의 평가는 미니머스가 지은, 그의 장점과 미덕을 나열한 시에 잘 나타나 있다. 나폴레옹이 목재더미를 프레드릭에게 파는 계획을 추진하는 과정에서 추가 처형이 이루어진다. 이로 인해 나폴레옹이 가학적인 동물학대자라는 것과 근거 없는 소문의 희생자라는 엇갈린 소문이 돈다.

　8월 새로운 풍차가 완공된 후 나폴레옹은 목재 한 더미를 프레드릭에게 파는데, 그는 대금을 수표로 지불하려 한다. 하지만 나폴레옹이 현금을 요구해, 현금으로 받는다. 나중에 윔퍼는 프레드릭이 지불한 돈이 위조지폐라는 것을 알게 된다. 나폴레옹은 그 배은망덕한 인간에게 사형을 선고한다.

　다음날 아침, 프레드릭과 사내 14명이 동물농장을 덮쳐 농장을 탈취하려 한다. 인간들의 공격은 처음에는 성공적이었지만, 그들이 풍차를 폭파시키자 동물들은 완전히 격분하여 인간들을 농장에서 모두 쫓아낸다. 스퀼러는 피 흘리는 동물들에게, 동물들은 그렇게 생각하지 않을 수도 있지만 이번 전투는 사실상 동물들의 승리라고 설명한다. 그때부터 그 전투는 '풍차의 전투'라고 불린다.

　며칠 후, 돼지들은 존스의 집 지하실에서 위스키가 담긴 상자를 발견한다. 그 술을 너무 많이 마신 나폴레옹은 죽게 될까봐 두려워하며, 음주는 사형으로 처벌할 것이라는 포고령을 내린다. 그러나 이틀 후, 몸이 회복된 나폴레옹은 작은 방목장 — 이곳은 애초에 은퇴한 동물들을 위해 노인요양소로 쓰기로 되어 있었다 — 을 쟁기로 갈아 보리를 심으라고 명령한다. 이 장은 7계명을 다시 읽어 본 뮤리엘이 다섯 번째 계명이 "어떤 동물도 술을 지나치게 마시면 안 된다"라고 고쳐진 것을 발견하는 장면으로 끝난다.

　　　농장에서 발생하는 처형건수가 늘어나자 자연스레 동물들 사이에서는 우려의 목소리가 커진다. 동물들은 "어떤 동물도 다른 동물을 죽여서는 안 된다"라고 쓰여 있는 동물주의의 여섯 번째 계명을 똑똑히 기억하고 있다. 그러나 앞서도 여러 차례 그랬듯, 나폴레옹은 현재의 목적에 맞춰 과거의 역사를 수정한다. 페인트로 쓰여진 그 계명은 이제 "어떤 동물도 다른 동물을 이유 없이 죽여서는 안 된다"라고 되어 있다. 딱 두 단어를 추가함으로써 나폴레옹은 누구든 자기 마음대로 죽일 수 있는 재량권을 얻었다. 그리고 이 두 단어는 다른 계명들에 추가된 단어들, 즉 네 번째 계명에 추가된 '담요를 덮고,' 다섯 번째 계명에 추가된 '지나치게' 등과 비슷한 형태를 취하고 있다. 세 경우 모두, 약간의 문구수정으로 나폴레옹의 독재를 합법화하고 이론적 근거를 제공하는 법규의 대폭적인 개정이 가능해진 셈이다.

　　　풍차 건설작업이 계속 진행되면서, 나폴레옹이 스노볼과 토론할 때 예견했던 것처럼 동물들은 실제로 굶주리기 시작한다. 그렇지만 늘 희희낙락하는 아첨꾼 스퀼러는 동물들이 절대로 배를 곯고 있지 않음을 입증하는 희한한 수치들을 즉각 제시한다. 영국의 전 수상 벤저민 디즈레일리는 언젠가 이렇게 꼬집었다. "거짓말에는 세 종류가 있다. 거짓말,

지독한 거짓말, 그리고 통계다." 여기서 스퀼러는 이 말이 사실임을 몸소 증명하고 있다. 농장의 동물들도 사람들처럼, '통계상의 숫자는 줄어들어도 좋으니 음식을 더 많이 받았으면' 하고 바라면서도, 그 통계수치들이 과학적 표본추출과 구체적인 정보를 나타낸다고 여기며 감탄한다. 이렇게 공식적으로 발표되는 '증거'를 접한 동물들은 꼬르륵 소리를 내는 자신들의 배가 잘못됐다고 믿게 된다.

나폴레옹은 동물농장을 완벽하게 지배하자, 병적인 자기중심주의자로 변한다. 그리고 오웰은 이 장에서 나폴레옹의 성격 중 새롭게 드러난 몇 가지 측면을 부각시킨다. 첫째, 그는 사실상 대중의 시선에서 사라진다. 그가 모습을 드러낼 때에는 항상 검은 수탉들이 선두에서 행진한다. 둘째, 다른 돼지들과는 별도로 방을 쓰며, 존스가 사용하던 최고급 식기에 담긴 만찬을 먹는다. 셋째, 자기 생일날 축포를 쏘도록 명하고, 그의 이름 앞에는 현란한 수식어들이 붙기 시작한다. 넷째, 그는 큰 헛간의 벽에 자신을 찬양하는 미니머스의 시를 새겨 넣으라고 명령한다. 그 위에는 그의 초상화가 페인트로 그려져 있다. 다섯째, 자기 음식에 독이 들어 있는지 확인하기 위해 핀케이라는 돼지를 시켜 미리 시식하게 한다. 여섯째, 풍차가 완공되자 그것을 나폴레옹 풍차라고 이름 짓고, 목재더미를 판 대금으로 받은 돈더미를 쌓아놓고 그 옆에 둔 짚으로 만든 침대 위에 비스듬히 누워, 동물들이 자기 앞을 천천히 지나가도록 한다. 여기서 오웰은 또 한 번 독재자들이 부하들을 통치하는 강력한 수단으로 잘 쓰는 이미지를 폭로하고 있다.

하지만 이런 뻔뻔스러운 자기과시 행위 중 그 어떤 것도 동물들이 나폴레옹을 숭배하는 것을 그만두게 하지 못했다. 미니머스가 쓴 시는 나폴레옹을 '하늘의 태양'에 비유하는 주기도문과 흡사했고, "그대 모든 동물들이 사랑하는/그 모든 것을 주는 자여"—'그대여', '그대를' 같은 매우 형식적인 시어(詩語)들에 주목하라. 이런 단어들은 그 대상을 더욱 고결하게 보이게 만든다— 같은 행을 삽입해 나폴레옹에게 아첨하는 내용으로 가득 차 있다는 점에 유의해야 한다. 전반적으로 이 시는 나폴레옹을 전지전능한 인물—"그대 만사를 돌봐주시니,/나폴레옹 동무여"—로 묘사하고 있다. 그리고 그는 국민이 태어나는 순간부터 그렇게 믿도록 세뇌시킨다.

> 내 젖먹이 돼지를 낳으면
> 대두병이나 국수방망이만큼
> 커다랗게 자라기 전
> 그대에게 충성스럽고
> 진실해야 할 것을 배워야 하나니
> 그렇다, 그가 꽥꽥 하며 외쳐야 할 첫소리는
> 나폴레옹 동무여!

"영국의 동물들"은 압제에 대항해 봉기하고, 동물들끼리 단합하라고 가르친다. 이와는 달리, 미니머스의 시는 나폴레옹을 다른 동물들보다 위대하고 잘났으며, 따라서 그들의 충성을 받을 자격을 갖춘 동물로 묘사하고 있다. 표면적으로 그런 찬양의 노래는 순전한 아첨행위로 보일지도 모른다. 하지만 독자들은 그 시가 나폴레옹의 또 다른 선전무기라는 것을 간파할 수 있다.

나폴레옹이 프레드릭 및 필킹턴과 유지하고 있는 관계는 그가 메이저 영감이 주창한 원칙을 얼마나 묵살하고 있는지를 잘 보여주는 또 하나의 사례다. 실제로, 오웰은 나폴레옹과 필킹턴의 관계가 '거의 우호적'으로 발전했다고 명시하고 있다. 동물들은 "그동안 나폴레옹이 목재더미를 팔기 위해 프레드릭과 비밀협정을 맺고 있었다"는 사실을 알고 충격을 받는다. 한편 독자들은 (미니머스의 시를 접했을 때처럼) 진실을 간파한다. 다시 말해 독자들은 원래 '비밀협정'은 없었으며, 니폴레옹은 두 인간을 놓고 누가 더 구미가 당기는 구매조건을 내놓는지 타진하고 있었음을 알게 된다. 또다시 나폴레옹은 동물들의 생각을 조종해 자신을 완벽한 지배자로 보이게 만드는 재주를 과시한다. 나폴레옹이 여러 구호들—'프레드릭에게 죽음을' 또는 '필킹턴에게 죽음을'—을 전파하기 위해 풀어놓는 비둘기들은, 필요하다면 특정사안에 대해 이전의 발표와 완전히 모순되는 공식견해를 세계에 알리는 독재국가의

관영 언론매체와 똑같다.

완공된 풍차를 '나폴레옹 풍차'로 명명한 것도 나폴레옹이 대중의 여론을 조작하기 위해 쓰는 수법이다. 풍차건설은 모든 동물들이 고생한 결과다. 하지만 나폴레옹은 그것에 자기 이름을 붙임으로써 오늘의 동물농장은 바로 자신의 능력 때문에 존재하게 되었다는 생각을 다시 한 번 국민들에게 심어주고 있다. 역설적으로, 이것은 긍정적인 의미와 부정적인 의미에서 사실이다. 즉 나폴레옹의 지도력은 동물들을 인간의 지배로부터 해방시켰다. 하지만 그것은 동물들을 또 다른 압제의 노예로 만든 것이다. 스노볼이 농장에서 벌어지는 모든 불행의 씨앗으로 간주되는 반면, 모든 발전은 나폴레옹의 공으로 돌려진다. 물맛이 좋다는 등, 나폴레옹과 전혀 관련 없는 이유로 그를 칭찬하는 동물들의 태도는 나폴레옹의 존재가 동물들의 마음속에 얼마나 깊이 침투해 있으며, 그가 공포를 무기로 하여 동물들로부터 얼마나 완벽한 의존성과 복종을 이끌어냈는지를 잘 보여주는 사례다.

풍차의 파괴는 동물농장을 최악의 상황으로 치닫게 만드는 마지막의, 그리고 돌이킬 수 없는 사건이다. 풍차는 원래 스노볼의 희망이요 미래의 여가시간을 보장해 주는 희망을 상징했기 때문에 프레드릭의 손에 풍차가 폭파된 사건은 스노볼의 꿈이 전혀 실현될 수 없게 된 상황을 상징한다. '풍차 전투'는 '소외양간 전투'와 비슷하긴 하지만, 그것보다는 상황이 혼돈스러웠고, 더 큰 유혈 사태를 빚었으며, 덜 성공적이었다. 오웰은 "암소 한 마리와 양 세 마리, 거위 두 마리가 전사했고, 거의 모든 동물이 부상을 당했다"라고 묘사했다.

 동물들이 실은 굶주리고 있지 않다고 억지스럽게 '증
명하는' 통계숫자들처럼, 그 전투가 승리였다고 강변하
는 스퀼러의 논리는 매우 뻔하고 우습기까지 한, 정치적 궤변
의 훌륭한 예다. 부상으로 피 흘리는 박서는 스퀼러가 "적들
이 우리가 지금 서 있는 이 땅을 점령했었소. 그리고 지금, 나
폴레옹 동무의 영도력 덕분에 우리는 잃었던 모든 땅을 한 치
도 남김없이 되찾았소"라고 궤변을 늘어놓을 때까지는 어떻
게 그 전투를 승리라고 말할 수 있는지 도무지 이해하지 못한
다. 이 말에 대한 박서의 덤덤한 대답, "그렇지만 그건 우리가
전에 소유했던 것을 다시 찾은 것일 뿐이잖소!"에는 비록 스
퀼러의 논리를 맹목적으로 따르는 그조차 납득할 수 없다는
뜻이 들어 있다. 그는 여기서 (자기도 모르는 사이에) 스퀼러
의 주장에 담긴 어처구니 없는 속성을 지적하고 있다. 다른 부
분에서도 마찬가지지만, 이제부터 〈동물농장〉의 풍자는 이야
기가 전개될수록 더욱 날카로워지고 신랄해진다.

　　술 때문에 빚어지는 소동도 주목할 만하다. 여기에서
돼지들이 보편적인 생각처럼 욕심 많은 동물이라는 사실이 더
욱 뚜렷이 드러나기 때문이다. 게다가 이 사건은 나폴레옹의
냉혹한 계산법을 보여주는 사례이기도 하다. 그는 애초에 은
퇴한 동물들을 위한 안식처로 점찍어 놓았던 그 작은 방목장
을 보리밭으로 갈라는 명령을 내리는데, 이것은 나폴레옹이
늙은 동물들에 대한 존경심보다 사적인 이익, 즉 술을 직접 제
조하는 일을 우선시하는 인물임을 명백히 보여주고 있다.

# Chapter 9

## 박서의 최후

동물들은 프레드릭을 물리친 자칭 '승리'을 축하한 뒤 풍차의 재건에 착수한다. 작업은 이번에도 박서가 주도한다. 박서는 그 전투에서 발굽이 갈라지는 부상을 당했음에도 불구하고 전보다 더 열심히 일해 은퇴하기 전에 풍차가 돌아가는 모습을 보고야 말겠다고 다짐한다.

식량배급은 계속 줄어간다. 하지만 스퀼러는 동물들에게 그 어느 때보다 늘어난 배급량을 받고 있으며 더 나은 삶을 누리고 있다고 납득시킨다. 네 마리의 암퇘지가 모두 31마리의 새끼를 낳는다. 이 아기 돼지들의 아버지인 나폴레옹은 새끼들을 교육할 수 있는 교실을 지으라고 명령한다. 동물들에게 지급되는 식량은 점점 더 줄어드는 반면, 돼지들은 날로 살이 찐다. 동물농장은 결국 공화국으로 선포되며, 나폴레옹은 이 공화국의 대통령으로 선출된다.

박서는 발굽이 다 낫자마자, 풍차건설 작업장에서 있는 힘을 다해 일하다 결국 폐병으로 쓰러진다. 그는 다른 동물들의 도움을 받아 자기 마구간으로 옮겨지고, 스퀼러는 나폴레옹이 그를 치료하기 위해 윌링턴에 있는 수의사를 불렀다는 사실을 동물들에게 전한다. 하지만 박서를 병원으로 데려가기 위해 마차 한 대가 농장에 오자, 벤저민은 마차 측면에 쓰여진 글자를 읽고, 박서가 폐마 도축업자, 즉 아교제조업자의 공장으로 실려간다는 사실을 알게 된다. 클로버는 박서에게 도망치라고 울부짖지만,

늙은 박서는 마차를 박차고 나오기에는 너무 쇠약했다. 마차는 그대로 농장을 빠져나간다. 그 후 박서의 모습을 본 동물은 아무도 없다. 스퀼러는 동물들을 달래기 위해 박서가 폐마 도축업자에게 팔려간 것이 아니라, 그 수의사가 전에 도축업자의 마차를 샀는데 마차 옆면에 쓰여진 글자를 아직 바꾸지 못한 것이라고 설명한다. 동물들은 그 말을 듣고 안도한다. 이 장은 식료품상의 마차가 돼지들에게 위스키가 담긴 상자를 배달하는 장면으로 끝을 맺는다. 돼지들은 그 술을 모두 마시고 이튿날 오후까지 잠에 곯아떨어진다.



 이 장에서 죽는 박서는 오웰이 만든 인물 중 가장 애처롭게 그려져 있다. 나폴레옹에게 철저히 세뇌된 그는 오로지 농장의 번영을 위해 살아간다. (그리고 죽는다.) 그리고 농장의 지도자는 박서가 일을 더 이상 할 수 없게 된 순간,

그를 도축업자에게 팔아넘긴다. 안락한 은퇴생활과 연금을 고대하는 그의 순박함은 얼굴에 있는 흰 줄무늬의 이미지와 부합한다. 오웰은 1장에서 "박서는 흰 줄무늬 때문에 다소 어수룩하게 보인다"고 말했다. 박서는 병에 걸려 거동하지 못할 때에도 오로지 자기 병 때문에 농장이 어떻게 될지만 생각한다. 벤저민과 같이 은퇴해 여생을 '알파벳의 나머지 스물두 글자를 배우는 데 바치겠다'던 헛된 꿈은 스노볼이 꿈꾼 유토피아와 모세가 그리워하는 슈가캔디 산처럼 아득하기만 하다.

**주제 탐색** 박서가 죽음에 이르는 장면은 주목할 만하다. 무력하고 순박한 인물이 무자비한 독재자의 손아귀에 휘둘리는 모습을 적나라하게 묘사하고 있기 때문이다. (마차의 마부가 중산모를 쓰고 있는 데 주목하라. 중산모는 이 소설 전체를 통해 잔인한 인간을 상징한다.) 박서는 마차에서 탈출하려고 안간힘을 쓴다. 하지만 예전에 엄청났던 그의 힘은 바로 자신의 학대자들을 위해 허구한 날 무모한 중노동에 시달린 끝에 이미 보잘것없는 상태가 되었다. 박서는 죽음을 앞둔 마지막 순간이 되어서야 자신에게 무슨 일이 일어나고 있는지를 파악한다. 하지만 상황을 바꾸기에는 너무 늦었다.

**주제 탐색** 이 장은 또한 돼지들의 정치적인 목적을 위해 스퀼러가 얼마나 눈부신 언어구사 능력을 발휘하는지를 지속적으로 보여준다. 오웰은 유명한 수필 "정치와 영어 Politics and the English Language"(1946)에서 우리의 어리석은 생각 때문에 언어가 어떤 식으로 '추하고 부정확한 언어로 변질되고 있는지'를 논하면서 "우리의 거친 언어습관 때문에 생각마저 우매해진다"고 주장했다. 다른 말로 하면, 언어가 조금이라도 부패하면, 그것은 그 언어가 표현하려는 바로 그 사물에 대한 우리의 사고방식에 어떻게든 영향을 미칠 수 있으며, 또 실제로 영향을 미치게 될 것이라는 뜻이다. 이 인과관계는 식량부족을 해명하는 스퀄러의 발표문 속에 잘 나타나 있다. 그는 이렇게 설명한다. "당분간 배급량을 재조정할 필요가 있다는 것이 밝혀졌다." 그가 '삭감' 대신 '재조정'이라는 말을 쓴 것은 굶주림으로 인한 동물들의 불평불만을 잠재우기 위한 교활한 술책이다. '삭감'은 어떤 사물이 줄어들었음을 뜻하지만, '재조정'은 이미 있는 것의 변동을 의미하기 때문이다. (우리는 정치인들이 '세금인상' 대신 '정부정책의 효율적 시행을 위한 재정증가의 필요성'이라고 하고, 또 다른 나라에 대한 침략을 '전쟁'이라고 하지 않고 '자위조치'라고 지칭하는 것을 들을 수 있다.) "정치와 영어"에서 조지 오웰은 이러한 완곡어법은 듣는 이로 하여금 묘사되고 있는 대상의 이미지를 머릿속에 떠올리지 못하게 하기 때문에 애용된다고 주장한다. 그 결과, 듣는 사람이 그 문제를 진지하게 생각할 때 느낄지도 모르는 공포의 정도가 줄어든다는 논리다.

　　이런 언어조작은 동물농장이 공화국으로 선포되고, 나폴레옹이 대통령으로 '선출'되는 장면에서 다시 한 번 구사된다. '공화국'이라는 단어는 시민들이 정치활동에 직접 참여하는 자치정부의 땅이라는 의미를 내포하고 있으며, '대통령'은 시민의 한 사람으로서 시민들의 정부를 통치가 아니라 관리하도록, 시민에 의해 선출된 사람이란 뜻을 가지고 있다. 물론, 이런 말들은 독자들에게는 웃기는 짓거리로 여겨지지만, 돼지들의 왜곡된 말장난에 늘 속고 있는 동물들에게는 그렇지 않다. 오웰은 그 상황을 다음과 같이 조심스럽게 꼬집고 있다. "그러나 의심의 여지없이 옛날 사정은 지금보다 더 나빴다. 그들은 그렇게 믿는 게 편했다."

　　　같은 이유로 동물들은, 박서의 임종을 전하며 그가 마지막 순간에 동물농장과 나폴레옹을 칭찬했다는 스퀼러의 명백한 거짓말을 '그대로 믿는 게 편하다.' 이것은 스퀼러가 그동안 내뱉은 선전용 거짓말 중에서 가장 천인공노할 뻔뻔한 거짓말이다. 독자는 왜 어떤 동물도 그의 말에 일말의 의심조차 품지 않는지 의아하게 생각할 수 있다. 그 이유는 의심하기가 두렵기 때문이다. 물론 나폴레옹과 그가 거느린 개들이 무섭기도 하지만 또 그 문제를 깊이 조사해서 진실이 드러나면 양심이 괴로울 것도 두려운 것이다. 스퀼러의 거짓말을 믿는 것이 정치적으로나 양심적으로 더 쉬운 일이다. 그들은 마차 소유주에 대한 스퀼러의 거짓말을 선뜻 믿어줌으로써 자신들이 적절한 행동을 취하지 않은 핑계로 삼을 수 있다. 오웰은 다음과 같이 역설적으로 설명한다.

"동물들은 이 말을 듣고 크게 마음을 놓았다. 그리고 스 퀼러가 연이어 박서가 임종하던 자리라든가 그가 받았던 경탄할 만한 치료, 나폴레옹이 비용을 생각하지 않고 지불한 값비싼 약품들에 대해 거침없이 생생하게 설명하자 그들의 마지막 남은 의심마저 사라졌고 동무의 죽음에서 느낀 슬픔은, 적어도 그는 행복하게 죽어갔다는 생각으로 진정되었다."

'경탄할 만한', '값비싼', '비용을 생각하지 않고' 같은 단어들은 모두 동물들에게 자신들이 어떤 행동도 취하지 않은 것에 대해 변명할 근거를 제공한다. 오웰이 다른 대목에서 썼듯이, '자기 코앞에 있는 것을 보는 데에도 지속적이고 엄청난 노력이 필요'하다. 그것은 분명 동물들이 극복할 수 있는 난관이기도 하다.

모세의 귀환은 첫 번째 풍차의 붕괴처럼 돼지들에게 유리한 방향으로 이용된다. 왜 돼지들이 모세가 농장에 머무는 것을 허락했는지 (그리고 왜 그에게 하루에 맥주를 한 홉씩 쥐서 그의 잔류를 유도했는지) 의아해 하는 독자가 있을지도 모르겠다. 그 이유는 모세가 동물들에게 미치는 영향력 때문이다. 모세가 들려주는 슈가캔디 산에 대한 이야기는 마르크스의 유명한 은유적인 글을 다시 한 번 연상시킨다. 동물들은 그의 이야기를 들으면서 무아지경에 빠져들고 유순해진다. 비록 현재의 삶이 끔찍하지만, 적어도 (모세의 이야기가 내포하듯) 미래는 그렇지 않으리라 생각하기 때문이다. 따라서 동물들은 언젠가 모세의 이야기가 실현되리라는 희망 속에서 계속 일하고, 중노동을 견딘다.

　　나폴레옹이 31마리 돼지새끼의 아버지라는 점은 그 농장이 그의 이미지와 존재에 얼마나 젖어 들어 있는지를 암시한다. 생물학적 의미에서, 나폴레옹은 현재 자신이 통치할 인구를 스스로 생산하고 있다. 돼지 전용학교를 짓겠다는 결정은 히틀러가 조직한 청년근위대 같은 전체주의적인 친위대의 육성을 연상시킨다. 또 돼지들에게 유리한 많은 칙령들, 예컨대 길에서 돼지와 마주치면 다른 동물들이 길을 비켜줘야 한다는 규칙 따위는 아리안족 우월주의에 빠진 히틀러의 사고방식을 떠오르게 한다.

　　이 장에서 또 하나 주목할 점은 나폴레옹이 농장생활 전반에 걸쳐 엄청난 수의 의식(儀式)을 제정한다는 사실이다. 노래, 연설, 행진 등의 횟수가 늘어난다는 것은 동물들의 머리가 자신들의 비참한 생활에 대해 생각할 여유가 없을 만큼 바빠진다는 것을 의미한다. 게다가 나폴레옹은 집회를 열 때 혹시 누가 순간적으로 그 모든 허식과 허례를 꿰뚫어볼 경우를 대비해 양들을 잔뜩 배치한다. 나폴레옹이 박서의 무덤을 화환으로 장식하도록 명령한 것도 나폴레옹 자신의 목적을 위한 가식적인 행위다. 그것은 박서를 위한 애도연설을 박서가 남긴 두 개의 격언―"내가 좀더 일하자"와 "나폴레옹 동무는 항

상 옳다"─을 상기시킨 후 모든 동무들이 그 격언을 자기 것
으로 만들면 좋겠다는 말로 끝맺은 데에 잘 나타나 있다. 돼지
들이 박서의 추모연이 열린 날 밤에 술에 취한다는 사실은 그
들이 그 헌신적이고 무지한 말에게 전혀 동정심을 갖고 있지
않다는 사실을 드러낸다. 그들의 술 취한 모습 역시 예전 압제
자인 존스를 보다 잘 연상시킨다.

# Chapter 10

 돼지들, 두 다리로 걷다

　　오랜 세월이 흘렀다. 동물농장은 이제 마지막 변신을 하고 있다. 뮤리엘, 블루벨, 제시, 핀처는 모두 죽었다. 존스도 주정뱅이수용소에서 세상을 떠났다. 클로버는 이제 열네 살이 되었지만 (정년을 2년이나 넘겼다) 아직 은퇴하지 않았다. (사실 은퇴한 동물은 하나도 없다.) 농장에는 식구들이 늘어나고, 필킹턴 씨로부터 밭을 두 뙈기나 사들이면서 농장의 면적은 크게 늘어난다. 두 번째 풍차는 이미 완성되었고 곡식을 빻는 데 사용되고 있다. 모든 동물들은 여전히 힘든 노동과 적은 식량이라는 이중고를 겪으며 살고 있다. 물론, 돼지들은 예외다.

　　어느 날 저녁, 클로버는 놀라운 광경을 목격한다. 스퀼러가 뒷다리만으로 걷는 것이다. 다른 돼지들도 그 뒤를 따라 같은 모습으로 걷는다. 나폴레옹 역시 발굽 사이에 회초리를 끼운 채 농장 집을 나선다. 양들은 예전 구호의 개정판을 '매애~' 하며 노래하기 시작한다. "네 다리도 좋지만, 두 다리는 더 좋다!" 클로버는 또 7계명이 쓰여 있는 벽에서 최근에 누군가가 글을 바꾼 흔적을 발견한다. 이제 그 벽에는 오로지 다음과 같은 말만 쓰여 있다. "모든 동물들은 평등하다./하지만 어떤 동물들은 다른 동물들보다 더 평등하다." 얼마 후 돼지들은 모두 회초리를 들고, 존스의 옷을 입고 활보하기 시작한다.

　　이 소설의 마지막 장면에서 이웃 농장 대표단이 동물농장을 시찰한

다. 대표단은 시찰을 마치고 농장의 식당에서 나폴레옹을 비롯한 돼지들과 파티를 즐긴다. 필킹턴 씨는 동물농장의 성공을 축하하는 건배를 제의한다. 나폴레옹은 답례연설에서 자기가 새로 만든 정책들을 간략히 소개한다. '동무'라는 말은 금지될 것이며, 더 이상 일요일 회합은 없을 것이고, 메이저 영감의 유해는 이미 매장되었고, 농장의 깃발은 단순한 녹색 밭 그림으로 대체될 것이다, 등의 내용이었다. 하지만 그 중 가장 크게 변화된 정책은 동물농장의 이름이 다시 매너 농장으로 바뀐다는 것이다. 나폴레옹의 연설이 끝난 직후, 인간과 돼지들은 카드 놀이를 시작한다. 하지만 나폴레옹과 필킹턴 씨가 둘 다 스페이드 에이스를 들고 있는 바람에 격렬한 말다툼이 벌어진다. 클로버와 다른 동물들은 식당의 창문을 통해

이 싸움을 구경하는데, 그들 눈에는 누가 인간이고 누구 돼지인지 분간이 되지 않는다.



마지막 장에는 동물농장이 매너 농장으로 완벽하게 탈바꿈하는 (이름뿐만이 아니다) 과정이 묘사되어 있다. 고령 동물들을 위한 '은퇴자요양소' 설치계획은 백지화되었으며, 돼지들은 '누가 누구인지 분간할 수 없을 정도로' 예전의 인간 압제자와 닮아간다.

두 번째 풍차의 완성은 스노볼이 제시한 유토피아의 부활을 가져온 게 아니라, 동물과 인간의 관계가 발전하는 계기가 된다. 풍차는 발전용이 아니라 곡식을 빻는 데 (즉 돈을 버는 데) 사용된다. 풍차의 상징적인 의미는 (이 농장의 모든 것처럼) 이미 뒤집혀졌고 변질됐다. 동물농장은 이제 상거래와 분위기 면에서 이웃 농장들과 엄연히 밀접한 관계를 맺고 있다.

9장과 10장 사이에 몇 년의 세월이 흘렀다. 역사 감각을 지니지 못한 미련한 동물들이 자기네들이 처한 현실을 판단하지 못하고 있는 것을 보여주기 위해서다. '동물들은 스퀼러가 제시하는 통계수치, 즉 모든 것이 점점 좋아지고 있음을 보여주는 숫자들의 목록을 제외하고 근거로 삼을 만한 것이 없기 때문에', 자신들의 열악한 삶에 대해 불평할 수 없다.

오웰의 또 다른 걸작 〈1984년〉에서 주인공으로 나오는 윈스턴 스미스가 파악하고 있듯이, 정부는 '과거의 사실을 조작해 이런저런 사건들이 아예 일어난 적도 없었다'고 주장할 수 있다. 똑같은 현상이 지금 동물농장에서도 일어나고 있다. 동물들은 지금의 삶과 다른 삶이 과거에 있었는지 기억하지 못한다. 즉 현재의 척박한 삶을 비교할 대상이 없는 셈이다. 비록 일부 예비 반역자들은 은밀하게 "영국의 동물들"을 흥얼거리지만 "아무도 감히 그 노래를 큰 소리로 부르지 못한다." 〈1984년〉의 말미에서 당과 윈스턴의 정신과의 싸움에서 당이 승리하듯이, 돼지들은 이데올로기 투쟁에서 승리를 거두었다. 동물 중에서는 오직 벤저민만이 '굶주림, 고생, 좌절'이 '삶의 불변하는 법칙'이라고 단정할 수 있을 뿐이다. 오웰은 여기서 또다시 벤저민을 통해 이 문제에 대한 자신의 생각을 드러낸다.

클로버는 스퀼러가 두 다리로 걷는 모습을 보고 충격받지만, 독자들은 그렇지 않다. 돼지들이 이제까지 꾸민 모든 모략의 논리적 귀결이 바로 이 장면에 압축되어 있기 때문이다. 나폴레옹이 인간의 압제를 상징하는 회초리를 발굽 사이에 낀 채 존스의 옷을 입고 활보하는 모습은 독자들이 내내 의구심을 품어왔던 것을 한 번 더 확인시켜주는 것에 불과하다. 양들이 새롭게 부르짖는 구호는 전처럼 동물이 생각하고 토론할 기회를 원천봉쇄하며, 벽에 새로이 쓰여진 7계명은 완벽하게 (그리고 역설적으로) 나폴레옹의 철학을 나타내고 있다. 물론,

'더욱 평등하다'라는 문구는 모순이다. 하지만 이 말은 같은 동물을 자유와 단결이라는 미명 하에 억누르는 특권층 동물들의 앞뒤 안 맞는 생각을 극명하게 보여주고 있다. 이웃 농장에서 인간들이 도착하자 동물들은 돼지와 인간 중 누구를 두려워해야 할지 헷갈린다. 오웰은 이 대목에서 둘 사이에 본질적인 차이가 없음을 암시한다. 메이저 영감이 인간들의 모든 습관을 피하라고 충고했건만, 돼지들은 라디오와 전화를 구입하고 신문을 구독하기 시작하며, 나폴레옹이 파이프 담배를 피운다.

필킹턴은 목 메인 소리로 나폴레옹을 칭송하는 연설을 하는데, 이는 동물농장의 강력한 지도자와 우호적인 관계를 유지하려는 욕심을 잘 보여준다. 필킹턴은 그동안 자기가 저지른 잔인한 행동을 변명하고 동물 봉기의 결과에 '과민반응을 보인 것'을 사과한 다음, 알맹이 없는 말을 청산유수와 같이 쏟아내지만, 핵심은 오로지 교역의 수레바퀴를 잘 돌아가게끔 하자는 것이다, 우리는 그가 동물들에게 일을 보다 많이 시키고 음식을 보다 적게 주는 나폴레옹의 능력을 칭찬하고 있다는 사실에 주목해야 한다. 그런 인간의 아첨은 칭찬의 대상 역시 말하는 사람만큼이나 부패하다는 사실을 시사할 뿐이다. 그는 마지막에 "여러분이 여러분의 하층동물들과 다투어야 한다면, 우리는 우리대로 다투어야 할 하층계급이 있습니다!"라는 재담을 하는데, 이 말 역시 돼지들과 인간 사이에 존재하는 정치적 호환성을 강하게 드러내고 있다.

　　나폴레옹이 연설을 통해 밝힌 개혁조치는 이 농장을 완벽한 독재국가로 개조하는 데 필요한 마지막 조치다. '동무'라는 말의 폐지는 동물 사이의 단결심을 약화시킬 것이고, 메이저 영감의 유해매장은 그 죽은 돼지의 이상에 담긴 모든 사상을 '파기한다'는 뜻을 비유적으로 나타낸다. 농장 깃발에서 뿔과 발굽을 없애 버린 것은 그 깃발 아래에 사는 동물들은 결코 투쟁과 혁명의 보상을 받지 못한다는 의미다. 마지막으로, 농장 이름을 매너 농장으로 개명토록 한 조치는 모든 것이 이제 한 바퀴를 돌아 제자리로 왔음을 시사하는 한편, 이제 농장은 어떤 의미에서도 동물들의 것이 아니라는 점을 암시한다. 대신 농장은 (셰익스피어의 희곡에서 햄릿이 빈정거리듯이) '농장에서 태어난 자들', 즉 돼지들의 것이다.

　　나폴레옹과 필킹턴이 둘 다 스페이드의 에이스를 들고 싸우는 이 소설의 마지막 장면은 전체 내용을 화려하게 요약하고 있다. 즉 압제, 투쟁, 혁명, 개혁으로 점철된 오랜 기간이 흐른 뒤, 돼지들은 그들의 전 주인들처럼 부패하고 잔인해졌다. 흡연, 음주, 채찍질, 살해, 심지어 속임수는 이제 동물과 인간이 다 함께 지니고 있는 속성이 되었다. 필킹턴이 나폴레옹을 소리 높여 찬양했지만 (그리고 반대로 나폴레옹도 필킹턴을 찬양한다), 그들은 서로 믿지 않는다. 믿을 수가 없기 때문이다. 둘 다 순전히 자기 이익에 따라 움직이지, 예전에 메이저 영감이 상세히 설명한 고상하지만 영양가 없는 원칙들에는 전혀 관심이 없다.

인물분석
노트

## O 메이저 영감

현명하고 설득력 있는 돼지. 메이저 영감은 놀라운 웅변술과 설득력으로 다른 동물들에게 자신이 느낀 의분을 전달하며, 반란을 부추긴다. 그가 자신이 꾼 이상한 꿈 얘기를 하고 싶다고 말하자, 동물들 모두가 응한다. 이 중요한(major) 인물을 동물들이 얼마나 많이 존경하는지를 잘 알 수 있다. 인간의 압제에 대한 그의 연설은 인간이 동물에게 가하는 온갖 악행을 조리 있게 열거했다는 점이 두드러진다. 메이저 영감은 인간이 저지른 범죄를 낱낱이 들추면서 다른 동물들에게 반란을 모의하도록 부추긴다. "영국의 동물들"이라는 노래를 합창하도록 지도하는 모습은 그의 웅변술을 과시하는 또 하나의 예다. 그가 인간의 손에 더럽혀지지 않는 세계를 묘사한 그 노래를 동물들에게 가르치자, 동물들은 그 노래를 다섯 번이나 연속해서 부른다.

메이저 영감이 잘못 생각한 것은 동물들이 겪는 모든 불행의 책임을 전적으로 인간에게 돌렸다는 점이다. 그의 사고에 따르면, 일단 '세상에서 인간을 몰아내면 굶주림과 중노동의 근본원인이 영원히 사라질 것'이다. 메이저 영감은 인간은 오로지 악행만 저지를 수 있으며, 동물은 오로지 선행만 할 수 있다고 확신한다. 그런 일차원적인 생각은, 권력욕은 모든 생명체의 본능이라는 진리를 무시한 것이기 때문에 궁극적으로는 오류로 판명날 수밖에 없다. 메이저 영감이 동물들에게 한 다음의 훈계도 역설적이다. "인간과 투쟁하는 과정에서 우리는 절대로 그들을 닮아서는 안 된다." 이 경고는 나폴레옹을 비롯한 돼지들에 의해 묵살된다. 소설의 결말 부분에서 돼지들은 그들의 전 주인들과 완전히 똑같이 닮아가니까.

## ○ 스노볼

스노볼은 메이저 영감의 사상에 가장 명백하게 부합되는 인물이다. 그는 정신적, 도덕적, 물질적인 면에서 동물들을 향상시키는 과업에 헌신한다. 그는 농장의 동물들에게 글을 가르쳐주며, 동물들은 그 덕분에 스노볼이 헛간 벽에 써 놓은 7계명을 읽고 동물주의의 원리를 보다 잘 이해할 수 있게 된다. 그는 또 7계명을 단 한 줄짜리 계율—"네 다리는 좋고 두 다리는 나쁘다."—로 축약함으로써 아무리 머리 나쁜 동물들도 농장의 새로운 철학을 이해할 수 있도록 만든다. 혁명의 '사상가'격인 스노볼은 '소외양가 전투'를 통해 군사전략에 대한 해박한 지식을 과시한다. 그가 조직한 각종 위원회는 실패로 돌아가지만, 그런 조직을 시도했다는 사실은 동물들의 삶을 개선하고자 하는 그의 열망이 얼마나 큰지를 잘 보여준다. 그가 세운 풍차 건설계획도 마찬가지로 숭고한 행위다. 풍차가 건설되면 동물들은 여가시간을 더 많이 갖게 되기 때문이다. 하지만 그가 나폴레옹에 의해 농장에서 추방된 사건은 선의가 아닌 폭력이 농장을 지배한다는 사실을 시사한다.

## ○ 나폴레옹

존스의 압제는 그가 우둔한데다 술주정뱅이라는 사실 때문에 조금은 변명의 여지가 있다. 하지만 나폴레옹의 압제는 순전히 노골적인 권력욕 때문이다. 이 소설에서 나폴레옹에 대한 최초의 묘사는 '늘 제 맘대로 한다는 평판을 받는, 포악하게 생긴 수퇘지'라는 표현이다. 소설에서 처음부터 끝까지, 나폴레옹은 동물들이 절대로 굴복할 수밖에 없는 현란한 선전과 무자비한 공포를 적절히 섞어 '제멋대로 농장을 요리한다.' 혁명이 성공한 직후 나폴레옹이 맨처음으로 한 행동은 암소의 우유를 자기네 돼지들이 먹기 위해 가로챈 것인 데 주목할 필요가 있다. 명백히 나폴레옹은 메이저 영감의 연설을 압제에 대한 봉기가 아니라 스스로 독재자로 입신할 절호의 기회로 삼았다. 그는 9마리의 강아지를 붙잡아다 잔인한 보디가드로 '교육시킨' 것에서부터 죄 없는 동물들에게 거짓자백을 강요한 다음 그들을 모든 동물들이 보는 앞에서 살해한 것에 이르기까지, 동무들에게 숱한 범죄행위를 저지른다.

그러나 나폴레옹이 저지른 가장 큰 범죄는 존스와 같은 유형의 인물로 완벽하게 변신했다는 점일 것이다. 게다가 나폴레옹은 소설을 통해서 독자들이 알고 있는 존스라는 인물보다 훨씬 가혹하고 무자비한 인물로 묘사되어 있다. 소설의 끝부분에서 나폴레옹은 존스가 쓰던 침대에서 자고, 존스의 접시로 식사를 하고, 술을 마시고, 중산모를 쓰고, 두 다리로 걸으며, 인간들과 상거래를 하고, 필킹턴 씨와 건배를 한다. 그의 마지막 선전활동, 즉 일곱 번째 계명을 "모든 동물들은 평등하다./하지만 어떤 동물들은 다른 동물들보다 더 평등하다"로 고친 것은 농장을 완전히 지배하고 있다는 자신감의 표시다. 매너 농장이라는 본래의 이름으로 되돌린 것도 나폴레옹이 메이저 영감의 말을 얼마나 철저하게 무시하고 있는지를 잘 보여준다.

## ○ 스퀼러

모든 독재자에게는 아첨꾼이 따르기 마련이다. 나폴레옹에게는 (동물들 말로는) '검은색을 흰색으로 둔갑시킬 수 있다'는 스퀼러가 있다. 소설 전반에서 그는 나폴레옹의 대변인이자 선전부 장관의 역할을 한다. 다른 동물들이 나폴레옹의 행위에 대해 의심을 품을 때마다 스퀼러는 그들에게 나폴레옹이 순전히 동료 동물들의 이익을 위해 그런 행동을 하고 있으며, 동물농장을 위해 위대한 희생을 마다하지 않고 있다고 설득한다. 예를 들어, 나폴레옹이 우유와 바람에 떨어진 사과를 훔쳤다는 의심을 받자 그는 나폴레옹을 비롯한 돼지들이 우유와 사과를 '가져가야만' 하는 이유는 그것이 돼지의 건강에 절대적으로 필요하기 때문이라는 식으로 설득한다. 그는

한술 더 떠 상당수의 돼지들은 '사실 우유와 사과를 싫어한다'
고 주장하며, 수상쩍어 하는 동물들에게 '우리가 그 우유를 마
시고 그 사과를 먹는 것은 다 여러분을 위한 것'이라고 둘러댄
다. 그런 설명을 하는 동안, '이쪽저쪽을 뛰어다니는' 그의 동
작은 '왔다갔다 하는' 그의 언변과 비슷한 이미지를 자아낸다.
그는 직설적으로 말하는 법이 없으며, 항상 눈앞에 놓인 진실
을 비켜간다. 이야기가 진행되면서, 그는 나폴레옹의 압제를
옹호하고, 나폴레옹의 희망대로 스노볼에 대한 평판을 앞장서
서 더럽힌다. 그의 '현란한' 언변이 가장 뚜렷이 드러난 사례
는 박서가 폐마 도축업자가 아니라 동물병원으로 실려 갔다고
설득할 때다.

## ○ 박서

　　말들은 일반적으로 강인한 힘의 상징으로 여겨진다. 박
서도 예외가 아니다. 키가 거의 6피트에 이르는 박서는 동물
농장의 헌신적인 시민이며, 그의 굉장한 힘은 혁명과 농장 일
에 엄청난 자산이다. 박서는 동물주의에 대해 알게 되자마자
혁명의 대의에 몸을 바친다. 박서는 소외양간의 전투에서 마
부소년을 강력한 발굽으로 강타해 기절시키는 등, 농장에서
가장 귀중한 병사이기도 한다. (그러나 박서는 폭력을 좋아하
지 않으며, 그 소년이 죽은 줄로 오해하고 크게 후회한다는 사
실을 주목해야 한다.) 아침에 남보다 일찍 일어나 일터로 가는

자세와 자신만의 구호, "내가 좀더 일하자"에는 동물주의에 대한 헌신적인 태도가 잘 나타나 있다. 그는 또 나중에 풍차건설팀에서 가장 쓸모 있는 일꾼으로 활약한다.

그러나 박서의 대단한 힘은 역시 놀랄 정도의 순진하고 단순한 면과 짝을 이루고 있다. 그는 영리한 동물이 아니기 때문에 (알파벳 D 이후의 글자는 전혀 익히지 못한다고 나와 있다.) 무엇이든 단순한 구호의 형태로 배울 수밖에 없다. 실제로 그가 애송하는 두 번째 구호("나폴레옹은 항상 옳다.")에는 어린아이들에게서나 볼 수 있는, 전지전능한 지도자에 대한 철저한 의존성이 나타나 있다. 심지어 풍차 재건작업을 하다가 맥없이 쓰러질 때에도 자신의 건강보다 일에 대한 걱정을 맨먼저 머리에 떠올렸다. "폐를 다쳤소… 그러나 그건 대수롭지 않아요. 내가 없어도 당신들이 어떻게든 풍차를 완공할 수 있으리라 생각하오." 그는 쓰러진 후 벤저민과 함께 은퇴하고자 하는 바람을 나타내는데, 여기서도 그가 얼마나 순진한 인물인지 잘 나타나 있다. 왜냐하면 독자들은 나폴레옹이 늙고 쇠약해진 말에게 안락한 생활을 제공할 위인이 절대 아니라는 사실을 알고 있기 때문이다. 박서는 가축 도살업자에 의해 죽음의 길로 끌려갈 때에도 벤저민과 클로버가 알려주어서야 그 사실을 깨닫는다. 박서는 나폴레옹의 본성을 너무 늦게 파악했으며, 그의 죽음은 나폴레옹의 폭압정치를 보여주는 대표적인 사례다.

## ○ 몰리

　　항상 다른 동물들을 생각하는 박서와는 달리, 투쟁 따위에는 전혀 관심이 없는 철저한 물질주의자다. 소설의 첫 부분에서 회합장소에 맨 마지막으로 들어오는 모습이 묘사되는데, 여기에 그녀의 성격이 잘 나타나 있다. 그녀는 설탕을 씹으면서, 갈기에 맨 붉은 리본을 다른 동물들에게 과시하기 위해 맨 앞에 자리잡는다. 혁명에 대한 관심사는 순전히 이기적인 데서 나온 것뿐이다. 즉 스노볼에게 혁명 후에도 설탕과 리본을 주느냐고 묻는데, 이것은 메이저 영감의 사상에 반하는 생각일 뿐 아니라, 그녀가 얼마나 허영심 많은 인물인지를 잘 보여주는 사례다. 그녀는 동물이 지배하는 세상보다 더 큰 물질적인 소유를 보장한다는 꾐에 빠져 농장을 탈출하는데, 이 일로 정치와 투쟁에 아무런 의미를 못 느끼는 인물로 낙인찍힌다.

## ○ 벤저민

　　말이 힘의 상징으로 알려져 있듯이, 당나귀는 고집스러운 동물로 유명하다. 그리고 벤저민은 혁명에 열성적으로 참여하기를 고집스럽게 거부한다. '동무'들이 모두 동물이 지배하는 새로운 세상을 얻는다는 희망에 환호할 때에도 벤저민은 "당나귀는 오래 산다. 너희들 중 아무도 죽은 당나귀를 본 적이 없을 거다"라는 말만 되뇌일 뿐이다. 동물들은 이 말에 혼란스러워하지만, 독자들은 벤저민의 냉소적이고, 근거 없다고도 볼 수 없는 그 말의 진의를 파악할 수 있다. 그가 말하고자 하는 핵심은 동물농장은 혁명 초기에는 천국처럼 보이겠지만, 얼마 지나지 않아 그들이 애초에 뒤엎으려고 했던 압제의 또 다른 형태로 타락할 수 있다는 뜻이다. 물론 벤저민의 예언은 소설의 결말에서 현실로 드러나며, 그가 확실하게 아는 유일한 사실, 즉 "삶이란 언제나 그래왔던 것처럼 힘든 것이다"라는 언급은 동물들의 삶을 꿰뚫는 결정적인 말임이 밝혀진다. 그는 비관주의자이지만 현실주의자이기도 하다.

## ○ 모세

모세는 모든 동물들에게 죽은 후 '약속의 땅'으로 간다는 이야기를 전함으로써 이 소설에서 '종교적인' 인물로 그려지고 있다. 성서에 나오는 모세처럼 이 소설의 모세도 추종자들에게 슈가캔디 산이라는 천국 이야기를 상세하게 들려준다. 그곳에 가면 모든 압제와 굶주림에서 벗어날 수 있다는 것이다. 돼지들은 처음에는 그를 성가시게 여긴다. 동물들이 동물농장을 천국으로 믿기를 바라고 있고, 더 좋은 세상을 찾아가자는 모세의 이야기에 현혹될까봐 두렵기 때문이다. 하지만 농장의 상황이 악화되면서 돼지들은 모세가 농장에 머무는 것을 허락한다. 그의 이야기는 동물들에게 지금의 일상은 피곤하고 고

되지만 곧 달콤한 휴식의 시기가 오리라는 약속의 효과가 있기 때문이다. 칼 마르크스가 "종교는 인민에게 아편과 같다"라는 유명한 말을 남겼듯이, 모세가 설명하는 슈가캔디 산 이야기 역시 동물들에게 비참한 삶의 고통을 둔화시키는 마약 같은 역할을 한다.

## ○ 존스

존스는 압제의 화신으로서, 동물들이 충분히 명분을 갖고 반란을 일으킬 만한 대상이다. 미국 식민지 주민들에게는 조지3세, 러시아 혁명분자들에게는 황제 니콜라스 2세에 해당되는 인물이다. 존스는 무능한 농장주이며 초라한 주정뱅이로, 매너 농장 일과 그곳에 살고 있는 동물들에게는 거의 신경을 쓰지 않는다. 이 소설의 첫째 문단에서 존스는 (술 취한 탓에) 닭장 문 닫는 것을 잊어먹지만, 침대에 '곯아떨어지기' 전에 맥주 한 잔 들이키는 것은 꼭 챙기는 인물로 묘사된다. 반란은 동물들에게 먹이 주는 것을 잊은 존스의 불성실함 때문에 촉발되는데, 이런 사실은 농장주인으로서 부주의하고 무능하다는 그의 전체적인 인상을 더욱 두드러지게 한다. 이후 소설의 끝까지, 그는 자기 농장을 되찾지 못하고 술집을 전전하다 결국 주정뱅이수용소에서 생을 마치는 무능한 농장주로 그려진다.

존스를 농장에서 쫓아낸 후 돼지들은 다른 동물들을 복

종시키기 위해 그의 이름을 들먹이면서 위협한다. 스퀼러가 걸핏하면 하는 말, "동무들은 물론 존스가 다시 오기를 바라진 않겠지요?"에 동물들은 즉각적인 반응을 보인다. 한편 동물들은 존스가 실질적으로는 농장에 없지만, 그의 '정신'이 되돌아왔음을 인식하지 못한다.

## ○ 프레드릭

이웃인 핀치필드 농장의 교활한 소유주. 프레드릭은 '끊임없이 송사에 얽혀 있고', 사악한 장사꾼의 면모를 보여준다. 프레드릭은 존스에게 농장에서 반란이 일어난 것에 대해 동정을 표하지만, 속으로는 '존스의 불행을 자기에게 유리하게 이용하려는' 흑심을 품고 있다. 그는 나폴레옹에게 목재대금을 위조지폐로 지불하는 사기를 친다. 뒤이어 일어난 동물농장에 대한 무력탈취 기도는 자신이 원하는 것은 기어코 차지하려는 인간임을 잘 보여준다. 요컨대 그는 동물들이 애초에 반기를 들게 만든, 꼭 그런 부류의 인간이다. 그러나 소설의 끝부분에서 프레드릭보다 나폴레옹이 훨씬 더 탐욕스럽고 이중적인 인물임이 드러난다.

## ○ 필킹턴

필킹턴은 상태가 '엉망'인 이웃 폭스우드 농장의 소유주다. 그는 나폴레옹과 손을 잡는다. 그러나 나폴레옹은 '프레

드릭에게 죽음을'이라는 비둘기들의 메시지를 '필킹턴에게 죽
음을'로 변경하고, 필킹턴은 프레드릭이 동물농장을 공격할
때 나폴레옹의 지원요청을 거절함으로써 이런 제휴는 처음부
터 삐걱거린다. 하지만 나폴레옹과 필킹턴은 궁극적으로 화해
하게 되는데, 그것은 그들이 본질적으로 비슷한 도덕수준의
인물들인데다 (필킹턴이 땅 일부를 나폴레옹에게 파는 데서
잘 알 수 있듯이) 사리사욕을 채우기 위해 서로가 필요하기
때문이다. 이 소설의 마지막 장면에서 필킹턴은 나폴레옹이
동물농장에서 이룩한 업적을 찬양한다. 그는 이 자리에서 동
물들에게 음식은 적게 주고 일을 더 많이 시키는 나폴레옹의
능력을 칭송하고 동물농장의 '하층동물들'을 인간세상의 '하
층계급'에 비유한다. 필킹턴과 나폴레옹이 카드 놀이를 하면
서 서로를 속이려고 하는 이 소설의 마지막 장면은 그들의 '우
정'이 사실은 상대에게 보다 잘 사기를 치기 위해 서로를 이용
하는 허울 좋은 방편에 불과하다는 것을 잘 보여주고 있다.

〈동물농장〉과 러시아 혁명　○

주제　○

## 〈동물농장〉과 러시아 혁명

　　오웰이 〈동물농장〉을 집필한 의도 중 하나는 1917년에 일어난 러시아 혁명으로, 그 이전의 정부보다 더 억압적이고 전체주의적이며 사악한 정권이 탄생했다는 것을 알리기 위해서였다. 이 소설에 등장하는 많은 인물과 사건은 러시아 혁명의 그것들과 유사하다. 예를 들어, 매너 농장은 러시아를 모델로 삼고 있으며, 메이저 영감, 스노볼, 나폴레옹은 러시아 혁명을 주도적으로 이끈 인물들을 상징하고 있다.

　　존스 씨의 모델은 제정 러시아의 마지막 짜르*인 니콜라스 2세(1868-1918)다. 그의 통치(1894-1917)는 자신이 러시아의 명실상부한 지배자가 되어야 한다는 고집으로 점철되었다. 그의 재임기간중 러시아 국민들은 끔찍한 가난과 사회적 불안정을 겪었으며, 이는 1905년에 터진 '피의 일요일' 사건에서 극명하게 드러났다. 당시 러시아군은 니콜라스의 궁전 근처에서 사회개혁을 요구하는 비무장 시위대에 발포해 대학살이 일어났다. 동물들이 존스 치하에서 굶주림과 빈곤한 삶에 시달리는 것처럼, 수백만 러시아 민중의 삶은 니콜라스의 재임기간 동안 더욱 악화되었다. 러시아가 제1차 세계대전에 휩쓸려 결과적으로 그 어떤 전쟁에서보다, 그 어떤 나라보다

---

* **짜르**(Czar, Tsar)：제정 러시아의 황제

큰 인명 손실을 입자, 분노하고 절망한 민중들은 연쇄적인 파업과 폭동을 일으키기 시작했고, 이것은 짜르 시대의 종말을 알리는 신호탄이 되었다. 니콜라스는 휘하의 장군들이 지지를 철회하자 전면적인 내전을 피하고자 퇴위했다. 하지만 내전은 볼셰비키 혁명의 형태로 터졌고, 니콜라스는 소설 속의 존스처럼 지배자의 위치에서 축출되었으며, 얼마 후 죽었다.

메이저 영감은 동물농장 판 V. I. 레닌(1870-1924)이라고 할 수 있다. 레닌은 볼셰비키 당의 지도자로서 1917년 혁명에서 주도권을 장악한 인물이다. 소설 속에서 동물들은 메이저 영감이 주창하는 동물주의의 원칙, 즉 모든 동물들은 평등하며 자신들의 압제자에 대항해서 봉기해야 한다는 이론에 감명을 받듯이, 레닌은 칼 마르크스의 공산주의 이론에 깊은 감화를 받았다. 그 이론은 '전 세계의 노동자들'에게 자신들을 경제적으로 억압하는 세력에 맞서 단결할 것을 촉구한다. 동물주의가 모든 동물들에게 농장의 번영을 함께 나누는 세상을 제시하는 것처럼, 공산주의는 '공동체적'인 삶의 방식이 모든 민중에게 경제적으로 평등한 삶을 보장해 줄 것이라고 주장한다. 메이저 영감은 혁명의 최종결과를 보지 못하고 죽는다. 마찬가지로 레닌도 자신이 주창한 원리가 혁명과정에서 어떤 방식으로 이행되는지를 보지 못한 채 눈을 감았다.

메이저 영감은 인간에게 절대적인 증오심을 품고 있다. 마찬가지로 레닌도 사상적으로 남과 절대 타협하지 않았다.

그는 볼셰비키들이 권력을 장악한 뒤에 니콜라스와 그의 가족들을 암살하라고 지시한 인물로 알려져 있다. 러시아는 레닌 주도 하에 소련(U.S.S.R.)으로 탈바꿈했다. 마찬가지로 매너 농장이 동물농장으로 탈바꿈한 것은 메이저 영감의 공이다. 옛 소련의 깃발에는 봉기하는 노동자들의 연장인 망치와 낫이 그려져 있었다. 마찬가지로 동물농장의 깃발에는 뿔과 발굽의 그림이 있다.

레닌의 동료인 레온 트로츠키(1879-1940) 역시 마르크스주의 사상가로서 수많은 혁명 시위와 소요사태에 참여했다. 동물농장에서 그를 대신하는 인물은 스노볼이다. 그는 트로츠키처럼 혁명의 궁극적인 목적을 달성하려면 전 세계적으로 지속적인 봉기가 있어야 한다고 생각했다. 스노볼이 추진한 풍차건설과 각종 운동에는 마르크스주의를 최선의 방법으로 실행에 옮기려는 트로츠키의 지적인 성격과 사상이 잘 나타나 있다. 트로츠키는 또 스노볼이 존스를 축출하는 동물군을 지휘하는 것처럼, 레닌 휘하의 적군(赤軍)에서 지도자 위치에 있었다.

스노볼이 나폴레옹에 의해 농장에서 쫓겨난 것처럼, 트로츠키도 소련에서 추방된 후 조셉 스탈린(1879-1953)이 보낸 자객에 의해 살해됐다. 나폴레옹은 물론 이 작품에서 오웰이 스탈린의 대역으로 쓴 인물이다. 나폴레옹처럼 스탈린은 토론과 이념 따위에는 관심이 없었다. 그는 권력 자체를 중요시했고, 공포와 잔학행위를 동원해 1927년까지 공산당에 대한 통제권을 완전 장악했다. 나폴레옹의 개들은 스탈린 휘하의 비밀경찰로서 모든 정적을 제거하는 데 활용했던 KGB와 흡사하다. 나폴레옹이 동물들의 삶을 향상시킨다는 허울 아래 권력을 장악해 나가듯이, 스탈린도 엄청난 선전활동을 통해 자기자신을 변화를 위해 애쓰는 이상주의자로 포장한다. 그의 선전활동은 이 소설에서 스퀼러에 의해 상징화되어 있다. 그가 추진하는 풍차 건축계획은 스탈린이 러시아의 산업과 농업을 회복시키기 위해 시도한 '5개년 계획'을 나타낸다. 레닌의 유해를 신전처럼 꾸민 레닌 묘역에 매장토록 한 스탈린의 명령은 나폴레옹이 주도한 메이저 영감의 유골발굴과 유사하고, 그가 창안한 녹색 깃발 훈장은 스탈린이 제정한 레닌 훈장을 연상시킨다. 스탈린은 세계에서 가장 무시무시하고 잔인한 독재자 중 한 사람이 되었는데, 이것은 적어도 부분적으로는 (지도자가 내뱉은 모든 거짓말을 그대로 받아들이는) 박서 같은 동물들 덕분이다.

소설에서 묘사된 많은 사건들은 스탈린 치하에서 실제로 일어난 사건들에 바탕을 두고 있다. 소외양간의 전투는 1917년 혁명 이후 러시아를 휩쓴 내전과 유사하다. 프레드릭은 아돌프 히틀러(1889-1945)를 상징한다. 히틀러는 1939년 스탈린과 '사기'동맹을 맺고, 1941년 스탈린 군대와 전쟁을 벌인다. 프레드릭은 나폴레옹의 동맹자처럼 보이지만, 그가 위조지폐를 사용한 사실은 그의 진짜 성품이 어떤지를 잘 보여준다. 동물들의 거짓 자백과 처형은 스탈린이 반대세력의 싹을 제거하기 위해 집행했던 숱한 숙청과 '공개재판'을 나타내고 있다. 동물농장의 암탉들이 나폴레옹에게 반란을 시도한 것처럼, 1921년 크론슈타트 군사기지의 해군병사들이 공산정권에 반대하는 반란을 일으켰으나 실패로 돌아가는 사건이 발생한다. 풍차 전투는 제1차 세계대전에 대한 소련의 개입, 특히 1943년에 벌어진 스탈린그라드 전투를 뜻한다. 이 전투에서 스탈린 군대는 (나폴레옹의 동물들이 프레드릭 일당을 물리치듯이) 히틀러의 군대를 패퇴시켰다. 마지막으로 소설의 끝부분에 등장하는 카드 게임은 테헤란 회담(1943년 11월 28일~12월 1일)을 연상시킨다. 스탈린, 윈스턴 처칠, 프랭클린 D. 루스벨트는 이 회담에서 전후 세계에 항구적인 평화를 구축하는 문제를 논의했다. 그리고 오웰은 나폴레옹과 필킹턴이 서로를 칭찬한 다음 카드 게임에서 속임수를 씀으로써 자신들의 사기성 농후한 본성을 드러내게 하는 방식으로 그 평화의 허구성을 조롱하고 있다.

## 주제

풍자는 쉽게 정의하자면, 특정한 소재를 조롱함으로써 그것에 대한 독자들의 의견을 바꾸게 만드는 문학예술의 한 형태다. 풍자작가들은 일반적으로, 자신이 어리석다고 여기는 것을 공격함으로써 그 공격의 대상이 어떻게 개선될 수 있는지에 대한 자기만의 독특한 견해를 넌지시 비춘다. 영국 풍자문학계에서 가장 유명한 작품은 아마도 조너선 스위프트의 〈걸리버 여행기〉일 것이다. 이 작품에서 걸리버가 방문하는 서로 다른 세계의 주민들은 스위프트가 당시 가장 두드러진 해악이나 부패라고 여겼던 것들을 구체적으로 표현하고 있다. 오웰은 어릴적에 스위프트의 그 소설을 탐독했으며, 그가 가장 좋아하는 책 중 하나였다. 〈동물농장〉은 〈걸리버 여행기〉처럼 풍자소설이다. 이 작품에서 오웰은 스위프트처럼 '자신이 살던' 시대에 가장 뚜렷이 부각된 인간의 어리석은 면들을 공격하고 있다. 이런 다양한 풍자적 표적들이 오웰 소설의 주제를 이루고 있다.

### ● 폭군의 본성

넓게 얘기하면, 〈동물농장〉은 정치가들, 특히 미사여구로 타인들을 조종하는 그들의 능력과 만족할 줄 모르는 권력욕을 풍자하고 있다. 나폴레옹은 항상 겉보기엔 이타적인 동기를 내세운다. 하지만 오로지 농장의 발전을 위한 것이라는 변명으로 자신의 모든 악행을 위장하는 그는 권력에 굶주린 인물의 전형이다. 예컨대 우유와 사과를 훔친 행위는 그 음식에 돼지들에게 필수적인 영양소가 있기 때문이며, 돼지들은 농장경영의 과업을 수행하기 위해 그런 영양소를 필요로 한다는 거짓말로 해명한다. 또 스노볼을 농장에서 축출한 행위는 스노볼이 사실 존스를 위해 활동하는 배신자이며, 그런 자가 없어져야 농장이 잘될 것이라는 거짓말로 설명한다. 나폴레옹을 비롯한 돼지들은 7계명을 위반하고 싶을 때마다 하나씩 계명의 원래 문구에 약간의 수정을 가함으로써 자신들의 범법행위를 정당화한다. 농장일이 뭔가 잘못 돌아갈 때마다 나폴레옹은 스노볼의 배신행위에 그 원인을 돌리고, 그를 비난한다. 물론 독자들은 그것이 사실이 아님을 안다. 나폴레옹이 두 다리로 걷고, 중산모를 쓰고, 필킹턴과 건배하는 행위는 그가 (그리고 다른 돼지들도) 권력욕을 채우기 위해 다른 동물들의 고통을 얼마나 철저히 외면하고 있는지를 잘 보여준다. 따라서 〈동물농장〉에서 가장 큰 주제는 매우 고귀한 이념을 신봉하는 척하면서, 잘 살게 해주겠다는 그들의 말을 믿고 따르는 선량한 사람들에게 가장 악랄한 적으로 전락하는 자들의 행동성향이다.

오웰은 나폴레옹이 동물농장의 몰락을 초래한 유일한 원인이라고 암시하지는 않는다. 그는 이 작품에서 나폴레옹 같은 지배자들이 성공할 여지를 제공한 여러 부류의 인간군상을 풍자하고 있다. 오로지 물질에만 신경 쓰는 몰리는 정치적 관심이 결여된 인간, 즉 자기 주변에서 일어나는 일에 대해 철저하게 무지할 만큼 자기중심적인 인간들을 상징한다. 몰리처럼 정치에 무관심한 사람들은 정의나 평등 따위에는 전혀 관심이 없으며, 나폴레옹 같은 폭군에게 결코 저항하지 않는다. 박서는 어떤 주의에 맹목적으로 헌신하는 부류에 비유된다. 그런 사람들은 구호에 의존하기 때문에 자신이 처한 상황을 면밀하게 점검하지 못한다. 박서는 이 작품에서 비록 동정심 많은 인물로 그려져 있지만, 그의 무지는 독자를 화나게 만드는 수준이며, 오웰은 이런 완벽한 무지 때문에 나폴레옹 같은 지배자들이 더욱 세력을 키울 수 있음을 시사한다. 심지어 당나귀 벤저민도 나폴레옹의 집권에 기여한다. 그가 일상생활에서 보여주는 태도는 현실에 대한 냉소적인 일축뿐이기 때문이다. "삶이란 언제나 그래왔던 것처럼 힘든 것이다"라는 그의 말은 옳다. 하지만 그 역시 돼지들이 세력을 휘두르는 것을 저지하거나 다른 동물들의 현실인식을 높이기 위한 아무런 조치도 취하지 않는다. 그가 취했던 유일한 행동은 폐마 도축업자에게 끌려가는 박서에게 죽음이 임박했음을 경고한 것뿐이다. 하지만 박서에게 도움을 주고자 한 그 행동도 한 발 늦었기 때문에 무위로 돌아간다.

## ● 종교와 폭정

오웰 작품에서 풍자의 분위기를 자아내는 또 다른 주제는 종교를 (칼 마르크스의 명언이기도 한) '인민들의 아편'으로 보는 개념이다. 대다수의 동물들은 갈가마귀 모세가 슈가캔디 산 이야기를 들려줄 때, 처음에는 짜증을 낸다. '이야기꾼'인 모세는 신뢰할 수 없는 자로 여겨지기 때문이다. 그 시점에서 동물들은 여전히 더 나은 미래를 고대하고 있기에 또 다른 곳에 낙원이 있다는 모세의 이야기를 일축한다. 그러나 농장의 삶이 더욱 악화되자, 동물들은 그의 말을 믿기 시작한다. "그들은 이제 삶이 배고프고 고달프다는 것을 깨달았다. 보다 나은 세상이 그 어딘가에 있어야 한다는 것이 잘못되고 부당한 것인가?"라고 자각하기 때문이다. 이 대목에서 오웰은 분명히 존재하지 않는 더 좋은 세상을 꿈꾸는 짓이 부질없음을 강조하고 있다. 돼지들은 모세가 농장에 머무는 것을 허락한다. 심지어 그에게 맥주를 주어 계속 남아 있도록 유도한다. 그것은 그가 들려주는 슈가캔디 산 이야기가 동물들을 온순한 채로 있게 하는 데 도움이 된다고 판단하기 때문이다. 비록 사후의 일일지라도 어딘가에 좋은 세상이 있는 한, 동물들은 그곳을 향해 터벅터벅 갈 것이다. 많은 사람들이 종교에의 몰두를 고상한 태도로 간주하지만, 오웰은 그것이 사실상 사람들이 삶을 바라보는 방식을 왜곡시킬 수 있음을 암시한다.

## ● 그릇된 충성

마지막으로 이 작품에서 특기할 만한 (그리고 역시 풍자적인) 주제는 이 작품의 등장인물들이 서로 신의를 약속했다가 나중에는 한결같이 이를 어기는 방식이다. 이것은 봉기의 지도자들(즉 돼지들)은 결국 자신들이 투쟁으로 지켰던 이상들을 스스로 배반한다는 개념과 밀접하게 관련되어 있다. 또한 이 주제는 그들이 소설 속에 등장하는 인간들과 맺는 여러 관계에서 극화된다. 예컨대 필킹턴과 프레드릭이 레드 라이언 술집에서 존스의 말에 귀를 기울이는 것은 순전히 이웃의 불행으로부터 어떤 이득을 취하고자 하는 은밀한 기대 때문이다. 마찬가지로 프레드릭이 나폴레옹에게서 장작더미를 구입하면서 둘 사이에는 동맹관계가 수립된 듯 보이지만, 이 우호관계는 프레드릭이 위조지폐를 사용했음을 돼지들이 알아챈 순간 산산조각난다. 이 소설의 마지막 장면에서는 필킹턴과 나폴레옹 사이에 이루어진 그 모든 우호적인 회담과 아부의 성찬에도 불구하고 둘은 여전히 서로를 속이려 하고 있다는 사실을 (둘이 동시에 스페이드의 에이스를 들고 게임을 하는 상황에서 볼 수 있듯이) 잘 드러낸다. 물론 정확하게 말하면, 둘 중 하나가 속이는 것이겠지만, 오웰은 그 사기꾼이 누구라고 명시하지 않는다. 그것은 중요하지 않기 때문이다. 카드놀이라는 '우호적인' 게임은 서로 상대를 파멸시키고자 하는 두 지도자의 욕망을 가리는 표면적인 모습일 뿐이다.

따라서 스위프트가 18세기의 정치적 부패라는 주제를 천착하기 위해 가공의 세계를 이용했듯, 오웰도 20세기의 모습을 풍자하기 위해 나름대로 가공의 무대를 설정한 것이다. 사람들이 정치에 대한 인식을 보다 높이거나 그런 지도자들이 내세우는 '고매한' 이상들에 더욱 주의를 기울이지 않으면, 나폴레옹 같은 지배자들의 숫자는 계속 늘어날 것이며, 그들의 권력도 보다 커질 것이라는 게 오웰의 예측이다.

이 부분은 원작에 대한 이해력을 테스트하는 난입니다. 다음의 세 가지 코너를 차례로 끝내면, 〈동물농장〉에 대한 포괄적이고 의미 있는 파악이 가능해질 것입니다.

## A  다음 질문에 알맞은 답을 고르시오.

1. 동물들에게 반란을 모의하도록 부추긴 인물은?

   a. 메이저 영감
   b. 나폴레옹
   c. 스노볼

2. 스노볼이 세운 계획 중 나폴레옹이 가로챈 것은?

   a. 무기 확보
   b. 울타리 치기
   c. 풍차 건설

3. 박서는 쓰러진 뒤 어떻게 되었나?

   a. 나폴레옹의 위로를 받았다.
   b. 수의사로부터 치료를 받았다.
   c. 가축 도살업자에게 팔려갔다.

정답: 1. a   2. c   3. c

**B** 원작에서 다음 인용문을 찾아, 그 장면에 대해 설명하시오.

1. 인간은 우리에게 유일하고도 진정한 적이다. 세상에서 인간을 몰아내라. 그러면 굶주림과 가혹한 노동의 근본원인이 영원히 제거되리라.

2. 반란이 있은 후에도 설탕을 계속 먹을 수 있을까요?

3. 전쟁은 전쟁이다. 유일하게 좋은 인간은 죽은 인간뿐이다.

4. 나폴레옹 동무가 스스로 과외의 일을 맡은 희생정신에 대해 이곳의 모든 동물들이 감사히 여길 것이라고 나는 확신합니다. 동무들, 지도자가 된다는 것이 기쁜 일일 거라고 절대로 생각하지 마십시오. 그와 반대로 그것은 깊고 무거운 책임을 의미하는 것입니다.

5. 밤에 농장에 몰래 들어와서 우리 풍차를 박살낸 자가 누군지 아시오? 바로 스노볼이오!

6. 모든 동물들은 평등하다. / 하지만 어떤 동물들은 다른 동물들보다 더 평등하다.

7. 여러분들이 여러분의 하층 동물들과 다투어야 한다면 우리는 우리대로 다투어야 할 하층 계급이 있단 말입니다!

모범답안: 1. 메이저 영감이 자신의 꿈 이야기를 하며  2. 몰리가 스노볼에게 반란 후 어떤 대접을 받을지 물어 보며  3. 스노볼이 마부소년이 자기 때문에 죽었을까봐 걱정하는 박서를 위로하며  4. 스퀼러가 나폴레옹에 대한 동물들의 인식을 교묘히 조종하며  5. 나폴레옹이 풍차가 폭풍에 붕괴된 후 거짓폭로를 하며  6. 나폴레옹 치하에서 동물주의를 나타낸 7번째 계명의 최종 수정판  7. 이 소설의 마지막 장면에서 필킹턴이 나폴레옹에게 건배를 제의하며 하는 말

## C  다음 주제에 대해 논술하시오.

1. 동물들의 삶을 존스 시대와 나폴레옹 시대를 나누어서 비교하라. 어떤 면에서 나폴레옹은 존스와 같은 폭군으로 변했는가?

2. 1장에서 메이저 영감이 동물들에게 한 연설의 내용을 검토해, 그가 청중을 설득하기 위해 구사한 연설기법을 논하라.

3. 이 소설의 조연급 등장인물들(몰리, 모세 등)이 오웰이 전하고자 하는 주제와 이슈를 어떻게 부각시키고 있는지 설명하라.

4. 동물들이 나폴레옹의 치하에서 자신들을 어떻게 여기고 있는지에 대해 오웰은 어떤 어조로 설명하고 있는가? 다시 말해 오웰의 어조는 이 소설의 해학을 어떻게 증폭시키고 있는가?

5. 이 소설에 등장하는 인간들은 주제와 쟁점을 표현하는 데 어떤 기여를 하고 있는지 설명하라.

6. 〈동물농장〉을 바탕으로, 독자는 오웰이 어떤 정치 제도를 찬성하리라고 추론할 수 있는가?

# 一以貫之

# 논술노트

동물농장 – 영원한 자화상　●

실전 연습문제　●

一以貫之는 '논어'에 나오는 말로 '모든 것을 하나의 이치로 꿴다'는 뜻입니다.

논술의 주제와 문제 유형, 제시문들은 참으로 다양하고 가지각색입니다. 그러나 그 모든 것을 하나로 꿸 수 있습니다. '인간사회의 보편적 문제들에 대한 근원적인 물음에 답하는 자기 나름의 견해'라는 것이지요. 논술은 인간이면 누구나 부닥치는 개인적 또는 사회적 문제들에 대한 자기 나름의 고민이자 성찰입니다. 논술은 자기견해, 자기 가치관, 자기 삶에 대한 솔직한 고백입니다.

一以貫之 논술연구모임은 '자신의 물음'과 '자신의 생각'을 갖고 '자신의 글'을 쓸 수 있도록 도와줍니다.

〈집필진〉
**박규현**, 우한기, 이호곤, 김법성, 김재년, 김병학, 도승활, 백일, 우효기, 조형진

## 동물농장 – 영원한 자화상

　세상에 변하는 것은 없으며 역사는 반복된다는 유명한 경구가 있다. 만물은 유전하고 변한다는 경구도 있다. 무엇이 옳은가?

　둘 중 하나가 옳은 것은 아니다. 이런 택일적 질문 자체가 문제인지도 모른다. 세상은 변하는 것과 변하지 않는 것, 반복되면서 차이나는 것들의 복합으로 구성된다. 같으면서 다르고 다르면서 같은 것들이 얼마나 많은가? 우리는 모두 To be or not to be(죽느냐 사느냐)의 존재들이 아니라 '살아가면서 죽어가는' 존재들이다. 그래서 "한 알의 모래 속에서 세계를 보고, 한 송이 들꽃 속에서 천국을 본다"고 노래한 윌리엄 블레이크의 시에 고개를 끄덕이면서도 모래와 세계의 엄연한 체험적 차이 앞에서 망연자실해지기도 하는 것이다.

　〈동물농장〉은 1943년에 쓰여진 조지 오웰의 소설이다. 모든 소설의 기본 요건은 '있을 법한 일'로서의 개연성이라고 했던가? 그러나 적어도 〈동물농장〉의 경우, 이 말은 좀 부족하다. 오히려 '있을 수밖에 없는 필연성'으로서의 영원한 자화상을 보여주는 것이 이 작품이다. 그리고 그 필연성은 비극적 성격의 무엇이다. 그렇다고 절망할 필요는 없다. 삶은 원래 비극적이다. 이 명제야말로 모든 종교와 철학의 기본 전제 아니겠는가? 그러나 그럼으로써 인간의 삶은 비극에 맞선 긍정의 변증법을 찾는 여정이 되는 것이다. 〈동물농장〉에서 무엇이 반복되는 비극이고, 무엇으로 그 반복에 차이의 균열이 생기는지 이제 함께 그 여정을 떠나보자.

## 1. 반복되는 군상들

| | |
|---|---|
| 메이저와 스노볼 | 선지자와 이단 |
| 나폴레옹과 스퀼러 | 군주와 지배적 관료 |
| 클로버와 벤저민 | 지식인 |
| 박서와 기타 동물들 | 민중 |

"지금까지의 역사는 계급투쟁의 역사다." 이것은 유명한 칼 마르크스의 "공산당 선언"의 첫 문장이다. 과연 그것이 '계급'이라는 특정한 용어로 지칭되어야 하는 것인가를 따지기 전에, 그보다 더 큰 범위에서 지배와 피지배의 연속이었다는 점은 분명하다. 지배의 성격과 강도의 차이는 존재했지만 한 번도 '만인의 자유'를 구가한 적이 없는 것이 인간의 역사였다. 그리고 그 지배에는 논리적, 현실적 공통점들이 있다. 〈동물농장〉에 나타나는 등장인물들은 바로 그러한 지배-피지배 관계에서 일반적으로 반복되었던 인간관계의 전형을 적나라하게 보여준다. 그것이 바로 위에 정리해 둔 도식이다.

전근대 사회에서 지배의 논리는 군주-신하-민중의 구도
를 띠면서 관철되었다. 고대와 중세를 거치면서 양태의 차이
는 물론 있었지만, 지배와 피지배라는 기본 대립구도에는 변
함이 없었다. 중간계급인 귀족은 군주의 권력을 지탱하고 유
지하는 실질적인 기능, 즉 관료층을 형성한다. 근대사회로 넘
어오는 과정에서 새로운 신흥계급 부르주아지는 유기적인 지
식인*과 연대해 새로운 권력을 형성하고 전통적인 지배세력에
대항하게 되었다. 지식인은 과거 귀족층들이 독점하던 관료층
의 위치를 정하게 된다. 물론 이 중간자적인 지식인의 경계는
모호하다. 지식인은 역사적으로 관료로 변하기도 했지만, 지
배세력을 비판하는 세력으로 남기도 했다.

한편, 관료든 유기적 지식인이든 그들의 이념을 보증해
주는 권위를 두기 마련인데, 〈동물농장〉의 메이저가 바로 그
런 역할을 상징한다. 그들이 곧 권력자는 아니지만 낡은 시대
안에서 새 시대를 예고하는 역할을 하는 선지자는 역사 속에
서 곧잘 등장한다. 서구사에서 소크라테스나 예수 같은 이들
이 그 전형이다.

더불어 이 '메이저들'의 영향을 현실의 권력으로 전환시

---

* **유기적인 지식인**: 그람시의 개념이다. 그람시는 지식인을 '전통적' 지식인과 '유기적' 지식
인으로 나누어 관찰한다. 전통적 지식인이 지배질서의 유지를 실질적으로 담당하는, 관료층을
주로 이루는 기능적인 지식인이라면, 유기적 지식인은 실천세계에서 사회적 변화를 감지하고,
이를 권력으로 구성하는 개입적 지식인을 뜻한다.

키는 자는 따로 있다. 〈동물농장〉에서 현실 권력의 형성자는 나폴레옹과 스노볼이다. 그런데 여기서 주목해 볼 점은 스노볼에 대한 나폴레옹의 배신 과정이다. 둘은 함께 동물농장의 건설에 주도적 역할을 했지만 권력이 그 속성상 나누어질 수 없는 것이기에 곧 둘 간의 투쟁으로 치닫게 된다. 이념에 대한 충실함보다는 현실적 힘의 논리에 익숙한 나폴레옹이 승리자가 되는 과정에서 스노볼은 아이러니컬하게도 인간과 내통한 최악의 배신자로 만들어진다. 권위적 지배자에게는 반드시 투쟁의 대상이 필요한 바, 그 악으로서의 반대 세력의 존재가 곧 자기 세력 형성의 추동력이 되기 때문이다. 그 악은 구시대의 것일 수도, 자기 편 안의 반대 세력일 수도 있다. 나폴레옹에게 '인간'과 '스노볼'은 외부와 내부의 투쟁 대상으로서 훌륭한 세력 결집 수단이 되어준 것이다. 이것은 스탈린에게 '자본주의'와 '볼셰비키 및 트로츠키'가 가졌던 역할이나 김일성에게 '남한-미국'과 '박헌영'이 가졌던 의미와 완전히 동일한 것이다. 분단 국가인 우리나라에서 외부의 적으로서 북의 존재뿐 아니라 내부의 적으로서 민주 세력이 독재 강화의 명분이 되었던 역사적 악순환을 우리는 기억하고 있다.

동양의 유교적 논리에서 지배 구도는 군주와 대부-선비(지식인)-백성으로 나타난다. 그러나 여기서 선비의 역할은 지배층과 서민 대중의 중간자만은 아니라는 점에서 서구의 구도와는 차이가 있다.

선비는 군주나 백성의 '이익 대변'보다는 '천하의 공도'를 따르는 집단으로 설정된다. 자연에 순응하는 삶의 방식이 하나의 지향점으로 있고 그 지향점을 지배와 피지배층 모두에게 교화시켜 나가는 존재로 설정되는 것이다. 그리고 이러한 선비의 궁극적 귀착지는 '성인'이라는 인간형이다. 말하자면 선비는 스스로를 포함한 '만인의 성인화'라는 이념의 실천을 정체성으로 삼는 존재다. 이 구도는 유교뿐 아니라 동양의 3교에 공통으로 나타난다. 도교에서 그것은 신선이라는 인간형을 향해 나아가는 도사로 나타나고 불교에서는 부처를 향해 나아가는 보살이라는 형태로 나타난다. 내적 논리의 차이에도 불구하고 현실적 역할모델이라는 차원에서 공자, 부처와 같은 성인들이 동양의 메이저라 할 만하다.

근대에는 적어도 공식적으로는 이러한 구도가 타파되었다. 근대 이념을 집대성해서 보여주는 프랑스 혁명의 구호는 '자유, 평등, 박애'였다. 법적으로 모든 인간은 함께 자유로우며 평등한 시민권을 누리는 것으로 간주된다. 권력은 선거에 의해 민중의 뜻대로 구성되고 누구나 선거권, 피선거권을 가진다. 그리고 누구에게나 교육의 기회가 열려 있음으로 해서 더 이상 구조적 불평등은 없다고 간주된다.

그러나 마르크스는 이것이 현실을 호도하는 '형식적 민주주의'일 뿐이라고 비판한다. 실질적으로는 경제적 위상에 따른 계급적 차이에 의해 여전히 기존 지배 구도가 갈등적으로 존재한다는 것이다. 오히려 한 발 더 나아가 모든 관계가 냉정한 이윤의 논리에 포섭되어 버림으로써 어떤 정신적 가치의 중립성도 불가능하다는 주장까지 나온다. 그래서 그는 누구의 지배도 가능하지 않은 현실의 물적 조건을 확보하기 위해 공산주의 이념을 설파했고, 그 핵심은 모든 생산수단을 노동하는 이에게로 되돌린다는 것이었다. 그러나 역사의 아이러니는 마르크스마저 또 하나의 메이저로 만들어 버렸다. 그가 바랐던 이상 아래 모인 사람들이 만든 제국은 그가 타파하려 했던 바로 그 제국이었다는 현실이 〈동물농장〉의 탄생 배경 아니던가! 다음의 제시문은 근대의 선언적 이념과는 달리 이 비극적 지배 관계의 반복이 결코 쉽게 사라지지 않음을 시사한다.

"조선 시대의 과거 제도는 원칙적으로 천민이 아닌 모든 사람들에게 개방되어 있어서 양반들은 물론 일반 대중에게도 성취동기를 부여함으로써 그들을 체제 안으로 유인할 수 있었다. 이처럼 과거 제도가 원칙적으로는 평민에게도 개방되어 있었지만 실제적으로는 일부 특권 양반들에게만 의미가 있었다. 왜냐하면 과거 공부를 위한 경세직 여유의 선생이 지도를 받을 수 있는 기회가 양반에게만 주어졌기 때문이다. 뿐만 아니라 이들 양반들은 과거 제도 자체를 자신들에게 유리하게 운영하였다. 이는 과거 제도의 폐단에서 잘 드러난다. 소속 파당에서 정권을 잡아 관직을 얻게 되면, 당세(黨勢)를 확장하기 위하여 과거를 자주 열어 같은 당인(黨人)의 자제들을 부정과 협잡으로 합격시켰고, 또 현명함과 어리석음을 가리지 않고 마구 등용하였다. 그런데 요직은 한정되어 있고 이를 희망하는 자는 많았기 때문에 당내에 내홍이 일어나 하나의 파당이 다시 여러 당으로 세분화되었다.

　　이제 반상 제도는 철폐되고 이를 바탕으로 한 전통적 신분 계층의 장벽은 무너졌다. 그러나 예부터 내려온 지식의 중요성과 이의 존중, 그리고 이 지식의 소유 계급이 행사해 온 지배권의 체제는 바뀌지 않고 단단하게 그 자리를 굳히고 있다. 지식의 내용이 유교 경전과 중국의 시문에서 다양한 근대 학문의 내용이 담긴 새 경전으로 바뀌었고, 지식 계급도 유교적인 인문 엘리트에서 과학, 기술, 경영, 군사 영역을 포함하는 다양한 엘리트 집단으로 전문화되었으며, 신분 배경에 관계없이 누구라도 지식에 접할 수 있도록 지식의 문은 열리게 되었다. 그럼에도 불구하고, 지식 계급의 엘리트 의식과 지배적 위치는 조금도 흔들리지 않고 견고하기만 하다. 오히려 지식에 의한 지배의 방식과 체제가 더욱 정교하고 효율적으로 작동하며, 지배의 정당성 또한 '과학적' 논리에 기초하고 있을 정도이다.

　　높은 수준의 학력을 내세우는 지식 소유 계급은 평등 이념을 한결같이 주장하고는 있지만, 동시에 그들은 오늘의 사회를 경쟁 사회, 실력 사회라고 규정한다. 나아가 그들은 세계 정황을 가리키면서 경쟁에서 싸워 이겨야만 살 수 있다며 '사회 진화론'의 추종자가 되기도 한다. 신분의 제약 때문에 사회적 상승 이동이 불가능하였던 폐쇄적 불평등의 시대는 지나가고, 신분에 상관없이 개인의 능력에 따라 사회적 상승의 사다리를 오를 수 있게 된 경쟁의 시대가 왔다는 것이다. 이러한 평등은 경쟁을 통한 차등, 경쟁을 통한 적자생존의 원리를 믿는 '불평등을 향한 평등'이라는 논리 위에 서 있는 셈이다. 이러한 평등 이념은 오늘날의 교육 제도에도 반영되고 있으며 이는 우리 사회의 오랜 가치 이념의 주요 요소와도 일치한다."
　　　　　　　　　　　　　　　　　　　〈고려대 2006 수시2 제시문 (1)〉

## 2. 반복과 차이의 논리

**1 목적론적 청사진과 인과율적 진리 독점 vs.
지금, 여기와 상관적 다중심의 공존**

예나 지금이나 권력의 핵심 논리는 '천국'의 제시와 그에 이르는 방법의 독점에 있다. '거짓 희망'을 통해 인간들의 의지를 장악하고 자신만이 그곳에 도달할 방법을 안다는 식이다. 그 천국은 비단 종교에만 한정되는 것이 아니고 현실 권력에 의해 '미래의 청사진'으로 변형되어 나타난다. 〈동물농장〉이 풍자하고 있는 스탈린에 의한 러시아 혁명의 타락뿐 아니라 우리 역사가 겪은 '새마을 운동'과 역대 모든 정권이 내놓은 '선진국 진입'이라는 슬로건도 이 같은 논리의 연장선상에 있다. 목적과 방법을 제시한다는 면에서 이러한 논리는 '목적론', '인과율'이라고 말할 수 있고 지배의 바탕에 철저한 논리를 쌓고 있다는 점에서 지식과 권력의 유착 형태이기도 하다.

서구 철학에서 자연은 '인과율'에 의해, 인간 사회는 '목적률'에 의해 지배받는 것으로 본다. 자연은 기계적인 원인-결과의 법칙으로 움직이고 사회는 주체의 목적에 따른 행위로 움직인다는 것이다. 그런데, 이러한 인과율과 목적론은 모두 '지금, 여기'의 현실을 철저히 가치절하한다는 점에서 심각한 문제를 안고 있다.

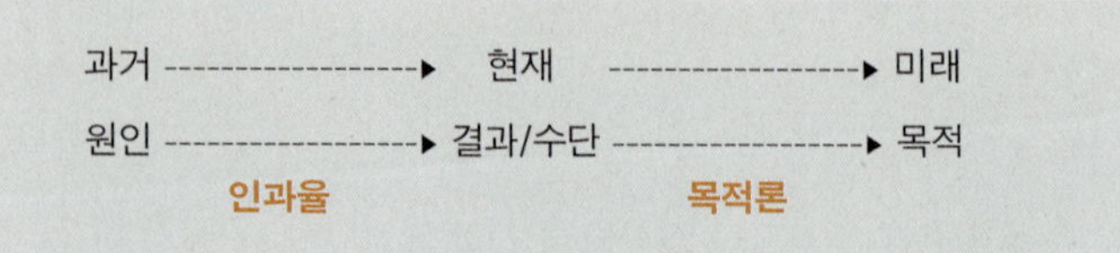


목적론적 구도에서 현재는 과거의 결과이자 미래의 수단일 뿐이다. 주어진 결과라는 것은 어찌해 볼 수 없는 것이고 미래를 위한 수단이라는 것은 그야말로 도구적 의미일 수밖에 없다. 인간의 삶이 영원한 현재의 연속일 수밖에 없다면, 그 현재의 희생을 바탕으로 한 논리가 구성원의 행복을 추구할 수는 없는 노릇이다. 이러한 목적론은 다가오지 않은, 즉 손에 잡히지 않고 존재하지 않는 것을 근거로 '지금, 여기' 현실의 가치를 과감히 부정하는 데까지 나간다. 니체는 이처럼 존재하지 않는 것(無)의 추구를 위해 현세를 부정하는 것을 허무주의(Nihilism)라고 불렀다.

기계적 세계관에 입각한 계몽주의의 인과적 사유는 A의 원인은 B이고 그것의 원인은 C이며 그것의 원인은 D라는 식으로 영원히 거슬러 올라가는 논리다. 이 논리는 모든 것을 가능하게 한 '최초의 원인'을 설정하지 않고는 끝나지 않는다. 그 '최초의 원인'은 시간적으로 가장 먼저 선행했고 위상적으로 만물의 어버이이고 창조주이며 진리다. 그 최초 원인 아래의 모든 사건들은 최초 원인의 성격에서 기원하는 것이기에 결코 독립적일 수가 없고, 따라서 이 논리 구도에서 가장 중요한 사태는 오로지 '최초 원인', 그 일자의 존재인 것이다. 만약 이런 논리가 인간 사회에 여과없이 적용된다면 신적 독재자의 탄생과 그에 대한 의존으로밖에 나타나지 않을 것이다. 그럼에도 불구하고 '과학적 세계관'이 무소불위의 위력을 누리는 합리적 현대 사회에서 이 논리는 일상 전반에 걸쳐 만연하다. 그리고 우리는 그 만연을 너무나 당연히 받아들인다.

그러나 인과율이 자연에서건 인간 사회에서건 결코 유일한 답일 수 없다는 반증은 많다. 눈의 결정 과정이 인과적으로 설명되지 않음을 말하고 있는 카오스 이론, 북경 나비의 날개짓이 지구 반대편에서 허리케인을 일으킬 수도 있다는 '나비 효과'가 자연과학에서 그 반증으로 제시되고 있는 것들이다. 관찰자에 따라 시간과 공간의 의미가 주관적으로 체험될 수밖에 없다는 상대성 이론이나 대상의 운동량과 위치를 동시에 확정할 수는 없다는 불확정성의 원리가 또한 세상의 기계적 인과율 관계를 거부하고 있다.

현대의 과학과 철학은 이 세계가 '인과적'(causative)이기보다는 차라리 '상관적'(correlative)이라고 말하고 있다. 상관적 사유란 한 마디로 세상 만물은 상호의존하고 연결되어 있으니, 그 관계가 일방적 결정 관계는 아니라는 발상이다. 다음 제시문을 보자.

## 〔2006대입〕 고려대 논술고사 문제

〈논제〉 다음 네 개의 제시문은 하나의 공통된 주제와 관련된 글이다. 그 주제를 말하고, 제시문 간의 연관 관계를 설명하시오. 그리고 그 주제에 관한 자신의 생각을 논술하시오.

(1) 원장님, 그러나 이제 탈출이 끊어진 섬은 어떻게 되어가고 있습니까. 이 섬은 이제 생명의 증거를 잃어버린 죽음의 섬으로 변해가고 있습니다.

원장님께서 섬 위에 이룩하시고자 하신 천국이 가까워오면 올수록 이 섬은 그 원장님의 단 하나의 명분에 일사불란하게 묶여버린 얼굴 없는 유령 집단의 섬이 되어갈 뿐입니다. 하여 점점 더 다스리기가 쉬운, 그러나 개개인의 삶을 찾을 수 없는 생기 없는 유령들의 섬이 되어갈 뿐입니다. 그리고 아마 원하기만 하신다면 원장님께서는 끝끝내 이 섬을 그렇게 만들어놓으실 수도 있으실 것입니다. 왜냐하면 원장님께서 지금까지 늘 그래오셨듯이, 앞으로도 원장님께서 원하시는 바대로 섬사람들을 설득하고 조정해 나가는 것은 그리 힘든 일이 아닐 터이기 때문입니다.

섬사람들을 원장님 뜻대로 설득하고 조정해 나갈 수 있다는 말씀이 맘에 들지 않으실지 모르겠습니다만, 아마 그 역시도 틀림없는 사실일 것입니다. 저의 경험에 따른다면 어떤 형태의 울타리 속에 격리된 사회의 질서란, 그 사회를 구성하고 있는 개개 성원의 의사에 의해서가 아니라 대개는 그 사회를 지배하고 대표하는 몇몇 상층부의 의사에 따라 좌우되기 마련이며, 이 섬에 관한 한 모든 원장들의 시대가 그것을 똑똑히 증명해 주고 있습니다. 원장님도 대개 거기서 예외일 수가 없습니다. 그야 원장님께서는 다른 어느 분보다도 섬 살림을 이끌어오시는 데 많은 사람들의 의견을 물어오셨고, 대부분의 경우 원장님은 그 사람들의 의견에 승복하고 따라가는 형식을 취하고 계시기는 했습니다. 원장님은 먼저 장로회를 만들어 무슨 일에서나 그 장로회의 자문과 동의를 주문하시곤 했습니다. 하지만 그것은 아무래도 형식적인 절차 이상의 뜻을 지닐 수 없는 일이었습니다. 장로회에선 스스로 일을 발의한 일이 없으며, 언제나 원장님의 뜻에 따라 원장님의 계획들을 원의로 확정시켜주는 절차로 봉사하면서, 원장님의 명분을 마련해 드릴 수 있었을 뿐입니다. 아니 전 지금 그렇다고 그 장로회 사람들을 나무람하려는 것은 아닙니다. 지금까지 이 섬에서 겪어온 그 사람들의 경험이나 높다란 울타리로 만족스러울 만큼 격리가 잘 이루어지고 있는 이 섬의 형편은 비록 장로회 사람들이라 하더라도 그 밖엔 다른 도리가 없었을 것입니다.

전 사실 원장님 부임 직후부터 이 섬의 선의의 지배자로서의 원장님과 그에 대한 피치자로서의 원생들과의 사이에 어느 정도까지 협의적인 지배 질서가 가능할 것인지에 대해 지극히 깊은 관심을 가져왔습니다. 하지만 전 마침내 원장님에게서마저도 저의 그런 기대가 얼마나 부질없는 환상이었는가를 확인할 수 있었을 뿐이었습니다. 도대체 어떤 절대 상황 안에 격리된 인간 집단 안에서는 그 지배자와 피지배자 사이의 협의 관계에 의한 지배 질서란 궁극적으로 그 상황의 벽을 무너뜨리는 순교자적 용기와 희생 없이는 가능할 수가 없는 것이었습니다. 다스리는 자의 선의나 정의와는 상관없이 그리고 그의 지배권이 어디에서 연유했든 그것만은 끝끝내 절대 전제가 되어 있는 한, 다스림을 받는 쪽은 항상 감당해낼 수 없는 상황 자체의 압력 때문에 스스로가 무력해져버리기 때문입니다. 그리고 그런 불행한 사회의 질서란 우리가 흔히 믿고 있듯이 다중의 희망이나 기도 같은 것과는 일단 상관이 없이, 우선은 그 지배자 한 사람의 책임과 각성에 의해 좌우될 수밖에 없다는 것이 저의 슬픈 결론입니다.

(2) 무릇 음양이 어울려 만물이 생겨나지만, 같은 것이 모여 있을 때에는 발전해 나갈 수 없습니다. 서로 다른 사물끼리 서로를 보충해 균형 있게 하는 것을 화(和)라고 합니다. 그렇게 하면 만물을 풍부하게 하고 커지게 할 수 있습니다. 만약 같은 것을 같은 것에 보탠다면 더 이상 지속되지 못하고 버려질 것입니다.

그러므로 선왕(先王)은 토(土)를 금(金) · 목(木) · 수(水) · 화(火)와 섞어서 만물을 이루게 하였습니다. 다섯 가지 맛을 조화하여 입맛에 맞게 하고, 사지(四肢)를 튼튼히 하여 몸을 건강하게 하며, 여러 가지 음악 소리를 조절하여 귀를 밝게 하고, 눈 · 코 · 입 · 귀 등의 일곱 구멍을 바르게 하여 마음에 맞게 쓰이게 하며, 인체의 여덟 부위를 자기 기능을 다하게 하여 온전한 사람을 만들고, 아홉 가지 장기의 기능을 잘 발휘하여 순수한 품성을 세우며, 관리들의 열 가지 등급을 살펴서 각각의 직능과 업무를 이끌어내었습니다. 이에 천(千) 가지 관직의 품계를 만들어 만(萬) 가지 국가 경영의 방략(方略)을 갖추었으며, 억(億) 가지 국가 일을 잘 헤아려 조(兆) 가지 사물들을 제자리에 있도록 하였으며, 경(京) 가지 세입(稅入)을 거두어 해(垓) 가지 행정을 펼쳤던 것입니다.

그러므로 왕은 천하의 넓은 땅을 경영하면서 수많은 세입들을 거두어들여 수많은 백성들을 먹여 살리며, 도의로 가르치고 등용하여 그 백성들이 한 집안처럼 화락하게 하였습니다. 이와 같아야 화(和)의 지극한 경지입니다.

(3) 아우구스티누스에게 수(數)는 매우 매혹적인 것이었다. 그는 〈티

마이오스)에 나타난 플라톤의 견해를 받아들여 수를 신의 천지창조의 근본 원리로 간주하였다. 모든 것은 수에 의존한다. 대상은 오로지 수의 속성을 통해서만 존재한다. 수는 존재와 아름다움 양자에 근본적인 것이다.

아우구스티누스는 이렇게 말했다. "가령 특정한 의도나 목적 없이 단지 즐거움을 위해 팔을 움직인다고 가정해 보라. 그것은 춤이 될 것이다. 춤의 무엇이 당신을 즐겁게 하는지를 물어보라. 그러면 수가 이렇게 답할 것이다. '자, 나 여기 있소.' 신체 형태의 아름다움을 살펴보라. 그러면 당신은 모든 것이 수에 따라 자리 잡고 있다는 사실을 알게 될 것이다. 신체 동작의 아름다움을 살펴보라. 그러면 당신은 모든 것이 수에 따라 적절한 시간대에 놓여 있음을 알게 될 것이다."

수는 질서의 근본 원리이며, 질서는 여러 부분들을 어떤 목적에 부합하게 하나의 통합된 복합체로 배열하는 것이다. 질서 있는 모든 것은 아름답다.


(4) 자유의 적들은 인간의 질서가 누군가에 의해 만들어지고 다른 사람들은 이에 복종해야 한다는 주장을 펼친다. 그러나 경제학자들은 개인 행위의 자발적 상호 조정이 시장을 통해서 효율적으로 이루어질 수 있다고 설명한다. 개인들 사이의 상호 조정 메커니즘에 대한 이해는 그들의 행동을 제한하는 일반 준칙을 수립하기 위해 필요한 가장 중요한 지식이다.

타인의 일정한 기여에 대한 기대에 기초해서 일관성 있는 행위 계획을 실행할 수 있다는 사실은 사회질서가 있음을 확인해 준다. 사회생활에 일종의 질서, 일관성 및 지속성이 존재한다는 점은 분명하다. 만일 그것이 없다면 우리 중 어느 누구도 자기 업무를 수행할 수 없고 가장 기본적인 욕구조차 충족시키지 못할 것이다. 본질적으로 사회적 질서가 있기에,

개인은 성공적인 예측에 의해 행동하고, 자신의 지식을 효율적으로 사용하며, 더 나아가 타인으로부터 기대할 수 있는 협력이 무엇인지에 대해 보다 더 정확하게 예측할 수 있다.

상황에 따라 조정이 이루어지는 분산적 질서는 중앙의 지침에 의해 확립될 수 없다. 그것은 개인들의 상호 작용과 개인들에게 영향을 미치는 상황에 대한 대응을 통해서만 나올 수 있다. 이것이 바로 폴라니가 '다중 심적 질서'의 자생적 형성이라고 부른 것이다. 개인들이 자발적으로 상호 작용함으로써 인간들 사이에 질서가 확립될 때, 우리는 이를 자생적 질서 체계라 한다. 개인들의 노력에 의해 사회적 질서의 조정이 이루어지며, 이러한 자기 조정은 공적 토대 위에서 자유를 정당화한다. 이때 개인의 행동은 자유롭다고 할 수 있다. 그것은 우월하거나 공적인 권력의 명령에 의해 결정된 것이 아니기 때문이다.

물리적 대상을 체계화하는 방법에 친숙한 사람이라면 이러한 자생적 질서 형성을 이해하기 쉽지 않을 것이다. 하지만 물리적 질서의 형성도 많은 경우 개체들 간의 자생적 조정에 의존한다. 만일 우리가 각각의 분 자나 원자들을 일일이 제자리에 놓아야 한다면 복잡한 유기 화합물을 만들 수 없었을 것이다. 우리는 일정한 조건 아래에서 개별 요소들이 스스 로 배열되어 특정한 속성을 지닌 구조를 이루는 것을 관찰할 수 있다.

(1)제시문의 원장님은 '선의'의 지배자다. 그는 사람들에게 자문을 구하고 동의를 얻으며 장로회를 비롯해 모든 협의 적 절차를 지키는 지배자다. 그는 미래의 청사진을 가지고 있으며 그 청사진은 모두를 위한 것이라고 누구나 알고 있다. 이 원장님은 〈동물농장〉의 나폴레옹과는 비교할 수 없는 선의의

지배자임에도 불구하고 그 결과는 여전히 '생기없는 유령들의 섬'일 것이라며 화자는 비판하고 있다. 왜 그런가?

원장님은 충분한 합리성을 가지고 있고 그래서 섬의 누구든 '설득하고 조정'할 수 있다. 그를 뒷받침하고 있는 것은 (3)제시문이 보여주는 수학처럼 정확한 논리의 아름다움이다. 그는 천국에 대한 목적론적 비전과 그 방법에 대한 합리적, 인과적 답을 가지고 있는 것이다. 그리고 결정적으로 그의 지배는 보장되어 있다. 그는 무한 책임과 무한 권력을 동시에 가지고 있는 최종 결정권자인 것이다. 바로 그래서, 그 외의 다른 의견은 답이 아닌 것이며 사실상 논의라는 것도 불필요하다. 형식적인 논의 절차는 지배자의 답을 '확정시켜주는 절차'에 불과하다. 지배자는 말하고 대중은 듣는다. 그리고 그 대중은 너무나 수동적이고 타율적인 존재로 전락해 버리고 만다. 이것이 화자의 비판 이유다.

그러나 세상은 그처럼 하나의 아름다운 정답으로 이루어져 있지 않다. (2)제시문의 화자는 이 세상이 서로 의존하면서 서로 생해 주기도 하고 서로 극하기도 하는 다양한 힘들의 장이라고 말하고 있다. 음과 양이라는 힘, 그리고 목화토금수라는 오행적 힘들의 밀고 당기는 조합으로 만물이 이루어졌다고 말한다. 그리고 이 음양은 어느 것이 잘났다고 말할 수 없이 동일한 권리를 가진 개념이다. 이것은 가장 단순한 형태에서부터 가장 복잡하고 먼 형태까지 그러하다고 말한다. (1)이

선의의 지배자인 원장님의 '단일 중심성'을 보여주는 것이라
면 (2)는 자연에서와 같이 인간의 사회도 하나의 중심으로 이
루질 수 없다는 생각을 보여주고 있다. 만물이 이루어지는 원
리나 인간 심신의 형성, 나아가 통치도 '동일하게 중요하나 서
로 다른' 힘들의 조화에 달려 있음을 강조하는 것이다. 이같은
입장에 설 때 (4)가 말하는 '다중심적 질서의 자생적 형성'이
가능해진다. 그래서 (1)과 같은 지배-피지배의 관계가 (3)의
사유에 의해 뒷받침되고 (4)의 공존적 질서는 (2)와 같은 사
고에 의해 가능함을 이 문제는 말해 주고 있다.

〈동물농장〉의 주인공들은 나폴레옹이라는 꼭지점에서 퍼
져나온 피라미드 수직 구조 안에서 목적론과 인과율적 논리로
움직이고 있다. 그리고 그 결과는 만인이 소외되는 지배 논리
로의 필연적 귀착이다. 가시적 억압권력이든, 은폐된 지식권
력이든, 변질을 통한 양자의 합이든 그 밑바닥에 깔려 있는 현
실 부정의 논리를 극복하지 못하고 자유란 없다.

**2**    **일방 증여 – 채권으로서의 권력 vs.**
      **증여의 교환 – 시적 실천**

〈동물농장〉에서 또 하나 주목해 볼 권력의 속성은 '채권
자'로서의 모습이다. 원래 '권리' 개념은 채권-채무 관계에 기

원을 두고 있다. 채권자는 채무자에게 무엇인가 요구를 할 수 있고 채무자는 빚을 지고 있다. 요구할 수 있는 힘이 곧 권리이며 이 권리의 일방적, 구조적 강화가 권력으로 이어진다. 다시 말해 권력 관계는 지배자와 피지배자 사이의 영원한 채권-채무 관계를 전제하는 것이다. 지배자는 은혜를 베푸는 존재고 피지배자는 그 은혜에 항상 감사해야 할 마음의 빚을 진 존재가 되어야 한다. 종교적으로 그것은 일종의 원죄와 죄 사함의 의식으로 나타난다. 현실에서 그것은 위에서 본 바와 같이 지배자가 미래의 목적과 그 방법을 독점하고 우매한 백성을 위해 헌신적으로 자신의 능력을 공공에 바치는 것으로 나타난다. 나폴레옹은 얼마나 현명하면서도 헌신적인 지도자인가!!

그런데, 이것이 가능하기 위해서는 지배자는 피지배자에 비해 압도적인 정보와 지식의 우위를 점해야 한다. 피지배자가 우매하고 지배자가 영리할수록 이 관계는 안정된다. 일방에 의한 정보와 발언의 독점이 권력 형성의 조건인 셈이다. 〈동물농장〉에서도 이러한 모습은 여러 부분에서 잘 나타난다. 나폴레옹과 그의 측근 돼지들은 '지식 동물'이다. 지식과 관련된 일은 모두 그들의 몫이며 판단력이 부족한 동물들은 자신들도 모르게 그들의 강령이 바뀐 것조차 제대로 인식하지 못한다. 다음과 같은 스퀄러의 말은 권력자가 스스로 채권자로 자신을 설정하는 순간을 보여준다.

　"나폴레옹 동무가 스스로 여러분의 남은 수고를 떠맡은 희생적인 행위에 대해 이곳의 모든 동물들이 감사하게 생각할 것이라고 나는 확신합니다. 동무들, 지도자가 되는 일이 기쁜 일이라고 생각해서는 안 됩니다. 오히려 그것은 깊고도 무거운 책임을 의미합니다. 모든 동물이 평등하다는 것을 나폴레옹 동무 이상으로 굳게 믿는 이는 없습니다. ― 그는 여러분이 잘 알아서 스스로 결정할 수 있게 된다면 더할 나위 없이 기뻐할 것입니다. 그러나 때때로 당신들은 잘못 판단할 수도 있을 것입니다. 동무들, 그러면 우리는 도대체 어떻게 되겠습니까? 여러분들이 저 풍차라고 하는 헛된 일에 속아서 스노볼을 따르겠다고 결정했다고 생각해 보시오. 스노볼은 우리 모두가 잘 알고 있는 바와 같이 죄인보다 더 나을 게 없습니다."

　스퀼러의 이 연설을 들은 우직한 박서가 "내가 좀더 일하자"라는 개인의 좌우명에 덧붙여서 "나폴레옹은 항상 옳다"라는 격언을 추가하기로 결의해 버렸을 때 이념적 명분과 힘에 의존하던 권력은 민중들의 절대적, 무의식적 동의라는 새로운 조건을 성공적으로 충족시킨 것이다.

　사실, 우리의 삶도 여러 변형을 거치긴 했으나 이 논리로부터 많이 벗어나지도 못한다. 우리는 스스로 사고하지 않는다. 미리 정해진 사고의 틀과 규칙대로 사고하며 그 기준은 현대의 '전문가'들이 제시해 준다. 우리는 자신의 몸에 대해서 스스로 생각하지 않고 '의사'의 견해를 따른다. 스스로 생각하는 경우에도 그 생각의 방식은 의학이 정해 주고 우리는 그 기준에 맞게끔 접근하는가 하지 않는가 열심히 스스로를 검열하면서 생각하는 것이다.

어떤 현상이 있을 때 가장 중요한 '당사자'는 숨어버리고 그 당사자를 대신할 전문가의 담론은 넘쳐난다. 범행이 일어났을 때 우리가 알 수 있는 것은 범죄자의 이야기가 아니다. 그의 심정과 동기, 변명을 들을 수 있는 것이 아니라, 법률 용어와 기준으로 무장된 검사와 판사, 변호사의 이야기를 듣게 된다. 비행을 저지른 청소년은 자기가 무슨 짓을 했는지 스스로는 모르고 '청소년 전문가'가 그 당사자가 모르는 이유를 대중에게 대신 설명해 주는 식이다. 정신이상자와는 대화할 수 없고 정신이상자를 분석할 줄 안다고 여겨지는 의사가 그를 대신해서 하는 말을 들을 뿐이다. 타인에 대한 그 대리 판단의 권한을 지닌 이들이 곧 권력이다. 그 대리 판단은 일종의 은혜의 형태로 베풀어지며 이것이 은혜가 아니라거나 그 판단의 논리를 알려고 하는 것은 곧 권력에 대한 역모로 간주된다. 다음 제시문을 보자.

(나) 박준의 소설은 이렇게 끝나고 있었다.

"우선 나는 지금까지 당신의 진술을 검토한 끝에 당신의 유죄 심증을 굳히게 되었습니다."

사내는 선언하듯 말하고 나서 한동안 G를 가만히 건너다보고 있었다.

그러더니 이윽고 그는 불안 때문에 감히 입도 열지 못하고 있는 G에게 유죄 심증 이유를 설명하기 시작했다.

"그 이유는 이렇습니다. 하지만 이유를 말씀드리기 전에 먼저 말해 둬야 할 것은, 사실 우리는 당신의 진술 내용을 당신에 대한 유죄 심증의 근거로는 삼지 않았다는 점입니다. 그럴 필요가 없었지요. 왜냐하면 당신의 혐의 사실은 당신의 진술 태도 그것만으로도 이미 심증이 충분해지고 있었거든요. 당신이 진술한 이야기의 내용이 아니라 그 태도에 의해서 말입니다. 자 그럼, 이제부터 바로 그 당신의 진술 태도와 관련하여 유죄 심증의 이유를 말하지요. 그 이유는 이렇습니다. 첫째로 당신은 우리에게 체포당해 있다는 사실, 그것을 부인하려고 했던 것입니다. 당신과는 전혀 다른 새로운 질서를 가지고 있는지도 모를 우리에게 당신이 체포당했다는 사실—지금 모든 것이 거기서부터 출발되고 있는 것입니다. 우리가 당신을 체포하게 된 경위 그것은 문제가 되지 않습니다. 당신 자신도 그것을 잘 모르고 있지만 우리 역시 그것은 중요하지 않습니다. 어쨌든 당신이 우리에게 체포되었다는 사실, 우리들 쪽으로 보면 그것은 곧 당신의 최초의 혐의점이며 그것으로 우리에겐 당신을 심문할 권리가 생긴 것입니다. 한데 당신은 그 최초의 혐의사실과 그리고 우리들이 당신을 심문할 권리를 쉬 인정하려 하지 않았어요. 물론 당신은 그것을 내게 말한 일은 없었지만, 그렇기 때문에 당신의 심중에선 그것이 더욱 용납될 수가 없었던 것입니다. 그것은 우리에게 훌륭한 유죄 심증의 이유가 되었죠. 둘째 번 이유는 당신이 줄곧 우리의 정체에 대해 불요부당한 의문을 품고 있었던 점입니다. 당신은 진술을 하면서 자꾸만 우리들의 정체를 알아내고자 했습니다. 그러나 우리의 비밀은 영원한 것입니다. 어쩌면 우리 자신도 그것은 모르고 있는 것인지 모릅니다. 그것을 알아내고 싶어하는 것은 죄악입니다. 그런데 당신은 그 죄악을 범했습니다. 그래서 당신은 늘 진술을 망설이고 정직한 진술을 하지 못했습니다. 당신이 우리의 정체를 궁금해하고 그것 때문에 정직한 진술을 할 수 없었다는 것은 또 하나의 음모 가능성을 노출한 것이지요. 이젠 밝혀도 상관이 없는 일이지만, 사실 나는 처음부터 당신에게 어떤 음모가 있었으리라고만 믿고 있었던 것은 아니었어요. 하지만 그러면서도 내가 당신에게 처음부터 음모 혐의를 걸어 진술을 요구한 것은, 그것이 바로 우리들의 심문 방법이기 때문이었죠. 그런 경우 진짜 피의자들은 대개 극도의 공포감을 갖게 되고 그리하여 어떻게 혐의를 벗어보려고, 다른 식으로 혐의 사실이 드러날 것은 꿈에도 생각지 않고 마구 엉뚱한 진술을 늘어놓게 되기 마련이거든요. 물론 그렇게 해서 진짜 혐의가 밝혀진 사람이 많은 것은 아니지요. 하지만 그 몇 되지 않은 사람을 철저히 색출해 내기 위해서는 모든 사람들이 일차 음모 혐의자가 되어 주는 수밖에 도리가 없지요. 어쨌든 음모 혐의는 가장 좋은 심문 방법입니다. 그래서 당신에게도 같은 방법을 취했던 것이지요. 한데 당신은 바로 그런 방법에 의해 훌륭하게 자신의 음모 가능성을 드러내 준 것입니다. 그들의 정체에 대한 불요부당한 의혹, 그리하여 끝끝내 정직한 진술이 불가능했던 점, 그것들은 용서받을 수 없는 음모의 가능성인 것입니다."

〈연세대 2000년(인문) 중〉

　　권력자인 상대를 안다는 것은 곧 그 앎의 독점이라는 조건이 깨어짐을 의미하고 권력이 더 이상 유지될 수 없음을 뜻한다. 그러므로 앎의 균형 회복은 권력의 입장에서는 용납할 수 없는 무엇이다. 거꾸로 그 권력 관계를 원치 않는 이들에게 이러한 일방적 증여는 반드시 극복되어야 할 대상이 된다. 현대 사회에서 이 지식 권력의 작동은 전문가의 일방적 담론 생산 증여와 함께 교육과 미디어라는 2중 3중의 프리즘을 통해 전달된다. 이렇게 매개가 복잡할수록 그 극복의 어려움이 더해지는 것은 말할 것도 없다. 더구나 일방 증여의 극복이 피지배층이 지배층만큼 똑똑해져야 가능한 것으로 본다면 그것은 새로운 매개적 지식인에 대한 의존만 강화할 뿐이며 구성원들 스스로의 이야기를 사회적 담론으로 만들어내는 것은 더욱 요원해지게 된다. 바로 여기에 딜레마가 있다. 권력은 지식을 바탕으로 지배하지만 그 전복은 동일한 지식의 강화로 불가능하다는 것이다. 이러한 전략을 선택했을 때, 다시 말해 권력의 전복을 지탱해 주는 지식을 강화함으로써 이루려 할 때 언제나 새로운 매개적 지식인이 탄생하고 그들이 다시 제2, 제3의 나폴레옹으로 변화되는 역사를 인류는 반복적으로 겪게 되는 것이다.[*]

---

[*] 이 같은 문제와 관련해 현대 소비사회의 시뮬라시옹적 성격 재조명으로 잘 알려진 장 보드리야르는 '시적 실천'이라는 용어를 제안하기도 한다. 여기서 시는 문법 파괴의 상징으로 사용된다. 보드리야르는 우리가 지배적 담론과 동일한 전제, 따라서 동일한 의미 구조와 문법을 사용하는 이상 영원히 채무자의 지위를 벗어날 수 없다고 보았다. 오히려 그 문법을 벗어나 새로운 민중의 언어를 만들 수 있을 때 쌍방향의 증여가 가능해지고 정보의 생산과 사용의 일방 구조를 벗어날 수 있다고 주장한다. 쉽게 말해, 권력이 민중을 향해 알아들을 수 없는 어려운 논리로 권위와 진리의 독점을 시도한다면 민중 역시 권력을 향해 그들은 알 수 없는 새로운 코드의 언어를 방사해야 한다는 것이다. 그래서 그는 빈민 게토 지구의 낙서에 주목한다. 기존 코드로는 도저히 알 수 없는 은어들의 천국이라는 점에서 말이다. 그러나 이런 논리는 이 역시 이원대립 구도의 다른 한 쪽을 택한 '거울반사'적 비판일 뿐 현실의 대안이 될 수 없다는 근본적 한계를 벗어나지 못한다. 빈민 게토 지구의 기성에 대한 거부로서의 반항적 언사가 '새로운 질서'를 만들어낸 적은 없다.

　"인간은 선한가, 악한가?"라는 문제에 대한 답은 무엇일까? 선하다는 입장이나 악하다는 입장 모두 충분한 근거를 가지고 있다. '진리는 합리적으로 인식 가능한가, 경험적으로만 인식 가능한가?'에 대한 답 역시 마찬가지다. 그런데 어떤 이는 이런 문제에 대해 엉뚱한 방식으로 답한다. "진리는 오류다."(니체) 동문서답 아닌가? 진리 인식에 대한 방법을 물었는데 엉뚱하게도 진리는 오류라는 '형용모순'으로 답하는 것은? '진리'와 '오류'는 사전적으로 정반대의 개념이다. 마치 "선은 악이다"라는 답과 같은 구조인 것이다.

　니체는 진리란 아예 존재하지 않는다고 생각한다. 인간은 언어적으로만 사유할 수 있는 바 적어도 언어적 차원에서 '모든 것의 보편 원리'라는 의미의 정확한 진리가 있다면 이것은 모든 것을 설명할 수 있는 대신 스스로는 정의되거나 설명될 수 없는 것이기 때문이다. 마치 하나님 여호와가 어디서 연유했는지 우리가 물을 수 없는 것과 같은 이유다. 하나님이나 진리라 개념은 둘 다 있다고 믿어져 왔을 뿐이지 실증된 바 없다. 그래서 니체는 중요한 것은 누가 무슨 이유로 이 실증되지 않는 진리를 주장했던가에 대한 탐구로 문제의 방향을 돌려버린다.(What is truth? → Which is truth?) 그리고 그가 발견하는 것은 인간이 가진 두 가지 본능(자기 긍정과 증강의 권력의지/부정과 안주의 권력의지) 중 안주의 의지에 기인한 현실 도피 심리가 신과 진리를 같이 만들어냈다는 결론이었다. 끊임없이 이어지는 삶의 불안과 미지에 대한 공포를 외면해 버리는 심리가 죽음 이후 세계를 설명할 신을 만들어내고 존재하지 않는 영생에 대한 믿음으로 나타났고 마찬가지로 삶에 불가피하게 연속되는 미지에 대한 회피로서 모든 것을 설명하는 보편 원리의 존재를 만들어냈다는 것이다. 그러므로 그것은 인간의 필요에 의해 만들어진 심리적 가상이므로 오류라는 것이다.

과연 니체의 주장이 옳은가 그른가, 동의할 만한 것인가 아닌가는 여기서는 별개의 문제다. 다만 우리가 주목할 만한 것은 그는 다른 '문법'으로 말하고 있다는 점이다. 즉, '진리가 합리적이냐 경험적이냐'는 질문은 이미 진리가 있다는 전제 아래에서 이루어지는 질문이다. 그러나 니체처럼 아예 진리가 가상이라고 생각하는 경우 우리는 전혀 다른 방식, 진리를 넘어선 방식으로 사유할 수 있게 된다. 어쩌면 의사소통이란 같은 전제를 공유하는 사람들 간의 소통인지도 모른다. 니체의 책 중 〈선악을 넘어서〉라는 제목의 책이 있다. 그는 "이것인가, 저것인가?"라는 질문 자체를 넘고자 했던 것이다.

유명한 "빛은 입자인가, 파동인가?"라는 물리학적 질문의 답은 둘 다라는 것이었다. 이원적 구도에 대한 택일적 답은 그 자체로 이미 권력의 논리를 내포하고 있는지도 모른다. 하나가 진리라면 다른 하나는 자동으로 오류가 되는 것이고 진리와 선이 오류와 악을 지배해야 한다는 논리로 이어지기 때문이다. 내가 문명이기 위해 당신이 야만이 되어야 하고 내가 유일 진리나 신이기 위해 당신이 오류나 피동적 구원의 대상이 되어야 하는 이 문법 구조를 넘어서지 않고 다중심의 공존이 가능하겠는가? 그러나 전제를 달리하는 순간 우리는 새로운 세계를 만들어내는 것이며 피지배자도 지배자에게 그들만의 세계로 권력자에게 쌍방 증여할 수 있는 가능성이 열린다. 〈동물농장〉이 전하고자 하는 역사의 악순환을 어떻게 벗어날 수 있을지 정해진 답이 있는 것은 아니다. 그러나 그 최소한의 방향은 이러할 것이다.

국가의 권력이 충분히 강하다면 사회의 권력도 그만큼 인정되어야 한다. 사회의 주류가 있다면 비주류의 독자적 발언권도 인정해 주어야 한다. 그리고 그것들이 '적대적 갈등'이 아니라 끊임없는 상호주관적 대화의 장에 공존해야 한다. 공존의 부정이 아니라 공존의 긍정과 그 긍정성의 현실적 최적화 방법이 찾아져야 한다. 이상과 현실이 원래 두 세계로 분리된 것이 아니라면 이러한 인식의 전환과 현실의 변화는 꼭 맞물려 있을 수밖에 없다. 그러나 도대체 그 同以異(같으면서 다르다)하면서 異以同(다르면서 같다)한 각자의 언어는 어떤 역사적·문화적 조건 속에서 가능하며 그를 위한 구체적 실천 모습은 무엇이 될 것인가? 〈동물농장〉은 역사의 좌절을 그리는 작품이 아니라 이 새로운 경계선에서 '무엇을 할 것인가?'라는 질문을 우리에게 던지고 있다.

## 〔98대입〕 서울대 논술고사

다음 글은 어느 소설의 한 장면을 옮겨 놓은 것이다. 이 글은 '박서'의 죽음을 둘러싼 이야기를 통해 인간 사회에서 일어날 수 있는 여러 가지 문제들을 암시하고 있다. 어떤 문제들이 이 글에 암시되어 있는지 글의 내용에 근거하여 밝히고, '박서'의 죽음에 대해 어떻게 생각하는지 각자의 견해를 논술하라.

발굽이 나아지자 전보다 더 열심히 일했다. 사실 모든 동물들은 그 해에 노예처럼 많은 일을 했다. 농장에서 각자 해야 하는 일이 있었을 뿐 아니라 풍차를 다시 만들어야 했고 3월부터 시작된 새끼 돼지의 교실을 짓는 작업도 있었다. 넉넉하게 먹지도 못하면서 오랜 시간 일을 한다는 것이 때로는 견딜 수 없이 힘들었겠지만 박서는 결코 굽히지 않았다. 그는 조금도 지쳐 보이지 않았다. 단지 겉모습이 조금 달라 보일 뿐이었다. 그의 피부는 전과 같이 매끄럽지 못했고 커다란 궁둥이가 약간 작아진 것처럼 보였다.

"박서는 봄이 와서 풀이 새로 자라면 다시 살찌게 될 겁니다." 동물들은 말했다.

그러나 봄이 왔는데도 박서는 살이 찌지 않았다. 그가 채석장 꼭대기로 올라가는 비탈길에서 커다란 돌이 굴러 내리지 않게 받치고 있을 때에는 오로지 인내의 힘으로 버티고 서 있는 것 같았다. 그의 입술은 '더 열심히 일하자'라고 말하는 것처럼 보였지만, 소리는 나오지 않았다.

클로버와 벤저민은 박서에게 몸조심하라고 몇 번이나 충고했지만 그는 말을 듣지 않았다. 그의 열두 번째 생일이 다가왔다. 그는 퇴직 연금을 받기 전에 돈을 충분히 모아놓기만 한다면 다른 일은 아무래도 좋았다.

어느 여름날 저녁 늦게 박서에게 무슨 일이 생겼다는 소문이 갑자기 농장 안에 퍼졌다. 그는 풍차가 서 있는 곳으로 돌덩이를 옮겨놓기 위해 혼자서 일터로 나간 것이었다. 그런데 정말 그 소문은 사실이었다. 비둘기 두 마리가 날아와서 소식을 전했다.

"박서가 쓰러졌어요! 옆으로 쓰러져 일어나지 못하고 있어요!"

농장의 동물들이 풍차가 있는 언덕으로 뛰어왔다. 박서는 마차의 굴대 사이에 끼어 머리를 들지 못하고 목을 뻗은 채 쓰러져 있었다. 박서의 눈은 흐릿했고 옆구리는 땀으로 흠뻑 젖어 있었다. 입에서는 피가 흘러 나왔다. 클로버는 그의 곁에 무릎을 꿇고 앉았다.

"박서, 어떻게 된 일이에요?"

그녀가 외쳤다.

"폐를 다쳤어요. 하지만 나는 괜찮아요. 내가 없어도 당신들끼리 풍차를 만들 수 있으리라 생각합니다. 돌을 꽤 많이 모아 놓았으니까요. 어차피 나에게는 한 달밖에 남지 않았어요. 정말이지 나는 정년 퇴직하는 날을 마음속으로 기다리고 있었어요. 이제는 벤저민도 늙었으니까 아마 나와 함께 은퇴하게 될 것이고, 그러면 같이 살 수 있게 될 겁니다."

박서는 간신히 입을 열었다.

"빨리 도와줘야겠어요. 누구든지 빨리 가서 이 사건을 스퀼러에게 전해 주세요." 클로버가 말했다. 다른 동물들은 당장 이 소식을 스퀼러에게 전하러 농장 집으로 달려갔다. 클로버와 벤저민만이 박서 곁에 남아 있었다. 벤저민은 박서 앞에 앉아서 아무말도 없이 긴 꼬리로 파리를 쫓고 있었다.

15분쯤 지나자 스퀼러가 동정과 걱정이 가득 찬 표정으로 나타났다. 스퀼러는 농장에서 가장 충실한 일꾼에게 이런 불행이 닥친 것을 나폴레옹 동지가 알고 심심한 유감의 뜻을 표했다고 하면서, 박서를 윌링턴의 병원에 보내 치료받도록 이미 만반의 준비를 하고 있다고 말했다. 동물들은 이 이야기를 전해 듣고 조금 불안해지기 시작했다. 그때까지 몰리와 스노볼 이외에는 농장을 떠난 동물이 하나도 없었다. 게다가 자기들의 병든 동지를 인간의 손에 맡긴다는 것을 생각하니 기분이 언짢았다.

　　스퀼러는 윌링턴의 수의사가 이 농장에서보다 박서를 훨씬 잘 치료해 줄 것이라고 간단하게 동물들은 납득시켰다. 30분 정도 지나자 박서는 조금 회복이 되어서 간신히 우리까지 걸어갈 수 있었다. 거기에는 클로버와 벤저민이 훌륭한 짚 침대를 마련해 놓고 있었다.

　　그 후 이틀 동안 박서는 꼼짝도 하지 못하고 우리 속에 틀어박혀 있었다. 돼지들은 욕실 약상자 안에서 찾아낸 커다란 분홍색 병을 보내주었다. 클로버는 하루 두 번씩 식후에 박서에게 약을 먹였다. 밤이 되면 클로버가 그의 우리로 건너와서 함께 자며 이야기를 나누었고 벤저민은 파리를 쫓아주었다.

　　박서는 자기가 다친 것을 슬퍼하지 않는다고 했다. 만일 다 낫기만 한다면 앞으로 3년은 더 살 수 있을 것이고, 그렇게 되면 저 커다란 목장 한 구석에서 평화스러운 나날을 보내게 될 것이라고 했다. 그는 생전 처음 공부를 하며 마음의 수양을 쌓을 수 있는 시간적 여유를 갖게 되면, 알파벳의 남은 스물두 글자를 암기하는 데 여생을 보낼 작정이라고 말했다. 그러나 박서가 벤저민과 클로버와 함께 있을 수 있었던 것은 작업이 끝난 후 잠깐뿐이었다.

　　한낮에 박서를 태우고 갈 짐마차가 농장에 들이닥쳤다. 동물들은 모두 돼지 한 마리의 감독 아래 순무 밭의 잡초를 뽑고 있었다. 바로 그때 농장 건물 쪽에서 벤저민이 소리를 있는 대로 지르면서 뛰어나왔다. 모두들 그것을 보고 깜짝 놀랐다.

벤저민이 흥분하는 것을 본 것은 이번이 처음이었다.

"빨리, 빨리요! 박서를 데려가려고 한단 말입니다!"

벤저민이 외쳤다.

동물들은 감독하는 돼지의 명령도 듣지 않고, 하던 일을 걷어치우고 농장 건물로 뛰어왔다. 과연 마당 한가운데 말 두 마리가 끄는 커다란 짐마차가 있었는데, 그 마차의 측면에는 무슨 글자가 쓰여 있었다. 마부석에는 낮은 중산모를 쓰고 교활한 표정을 한 남자가 앉아 있었다. 박서의 우리는 벌써 텅 비어 있었다.

동물들은 짐마차 주위를 에워쌌다.

"박서, 잘 갔다 와요!"

그들은 함께 소리를 질렀다.

벤저민은 그들 주위를 뛰어다니며 작은 발굽으로 땅바닥을 동동 구르면서 외쳤다.

'바보들, 바보들 같으니라구! 이 바보들! 저 짐마차에 무엇이라고 쓰여 있는지 보이지도 않는단 말이오?"

그러자 동물들은 소리를 멈추고 조용해졌다. 뮤리엘이 글자를 띄엄띄엄 읽기 시작했다. 벤저민이 뮤리엘을 밀어 제치고 글자를 줄줄 읽어 내려갔다.

"'알프렛 시몬즈, 폐마 도살 및 아교 제조업. 월링턴. 피혁과 골분 매매. 개집공급' 저것이 무슨 뜻인지 모르겠소? 저들은 박서를 폐마 도살장으로 데리고 가려 한단 말이오!'

　모든 동물들로부터 공포의 외침 소리가 터져나왔다. 바로 이때 마부석에 앉아 있던 남자가 말에 채찍질을 했다. 그러자 짐마차는 빠르게 마당에서 빠져나갔다.

　동물들은 모두 힘껏 소리를 지르며 짐마차 뒤를 쫓았다. 클로버가 맨 앞으로 헤치고 나왔다. 짐마차는 속력을 내기 시작했다. 클로버는 안간힘을 쓰며 굵은 네 다리로 마구 달렸지만 뜻대로 되지 않았다.

　"박서! 박서! 박서!"

　클로버가 외쳤다.

　그런데 이 순간 바깥의 소동을 들었는지, 콧잔등에 흰 줄무늬가 그려진 박서의 얼굴이 짐마차 뒷문의 작은 창에 나타났다.

　"박서! 박서! 뛰어 내려요! 빨리요! 저들은 당신을 죽이려고 데리고 가고 있어요!"

　클로버는 공포에 젖은 목소리로 외쳤다.

　"박서! 뛰어 내려요! 뛰어 내려요!"

　동물들은 모두 함께 소리쳤다.

　그러나 짐마차는 이미 속력을 내어 그들을 멀리 떼어놓고 사라지기 시작했다. 박서가 클로버의 말을 알아들었는지 못 알아들었는지는 알 수 없었다. 하지만 잠시 후에 그의 얼굴이 창문에서 사라졌고 이내 짐마차 안에서 쿵쿵거리는 발굽 소리가 들려 왔다. 그는 짐마차를 발길로 차서 부수고 나오려고 했던 것이다. 옛날 같으면 박서가 발굽으로 두서너 번 발길질을 하면 그런 짐마차는 성냥갑처럼 산산조각이 나고 말았을 것이다. 그러나 슬프게도 그는 지칠 대로 지쳐 있었다.

한동안 쿵쿵거리던 발굽 소리가 점점 희미해지다가 마침내 사라져버렸다. 동물들은 필사적으로 짐마차를 끌고 가는 두 마리의 말들에게 멈춰 달라고 호소하기 시작했다.

"동지들, 동지들! 당신들 형제를 도살장으로 끌고 가지 말아요!"

그들은 외쳤다.

그러나 바보 같은 이 짐승들은 너무나 무지해서 사태를 깨닫지 못하고 귀를 뒤로 젖혔을 뿐 걸음을 재촉하는 것이었다.

박서의 얼굴은 두 번 다시 창문에 나타나지 않았다. 누군가 먼저 달려가서 다섯 개의 가로대가 있는 농장 문을 닫아야 한다고 생각했지만 때는 이미 늦어버렸다. 짐마차는 그곳을 빠져나가서 큰길 쪽으로 재빨리 자취를 감추었다. 박서는 다시 보이지 않았다.

사흘 후, 박서가 윌링턴의 병원에서 온갖 치료를 다 받아보았지만 별다른 효험을 보지 못하고 죽었다는 발표가 나왔다. 스퀼러가 모든 동물에게 이 슬픈 소식을 전하러 왔다. 그는 박서의 마지막 순간을 지켜보았다고 말했다. 그리고 그는 앞다리를 쳐들어 눈물을 닦으며 말했다.

"그것은 내 생전에 처음 본 눈물겨운 장면이었습니다. 나는 그가 임종하는 최후의 순간까지 그의 침대 곁을 떠나지 않았습니다. 그리고 박서는 마지막에 말도 못할 정도로 힘이 다 빠진 채, 내 귀에 대고 풍차가 완성되는 것을 보지 못하고 눈을 감는 것이 가슴 아프다고 속삭였습니다. 그리고 이렇게 말했습니다. '동지 여러분 전진합시다! 우리가 이룩한 혁명을 잊지 말고 전진합시다! 동물농장 만세! 나폴레옹 동지 만세! 나폴레옹 동지는 항상 옳습니다! 동지 여러분!' 이것이 그의 마지막 말이었습니다."

여기서 스퀼러의 태도가 갑자기 변했다. 그는 잠시 침묵을 지켰다. 그리고 눈을 가늘게 뜨고서, 박서에 관하여 얼토당토않은 나쁜 소문이 떠돈 것을 자기가 알고 있다고 말했다. 박서를 싣고 가는 짐마차에 '폐마 도살업'이라고 쓰여 있는 것을 보고 경솔하게도 박서가 도살장으로 끌려가는 것이라고 비약해서 단정을 내리는 자가 동물들 중에 있었다는 것이었다. 어떤 동물이라도 그런 바보같은 생각을 한다는 건 도저히 있을 수 없는 일이라고 스퀼러는 말했다.

스퀼러는 분함을 참지 못해 꼬리를 흔들며 이러저리 뛰어다니면서 친애하는 지도자 나폴레옹 동지가 그 정도로밖에 보이지 않느냐고 소리를 질렀다. 그리고 그는 지극히 간단하게 다음과 같이 설명하였다.

그 짐마차는 전에 폐마 도살업자의 것이었고 그것을 수의사가 샀는데 그 수의사는 옛 이름을 아직도 페인트로 지워버리지 않았다는 것이었다. 그것이 오해를 불러일으키게 한 원인이라고 하였다. 동물들은 이 말에 마음을 놓았다. 그리고 스퀄러가 또다시 박서의 임종을 마치 눈앞에서 보는 것같이 자세히 설명하며, 그가 훌륭한 치료를 받았고 나폴레옹 동지도 박서를 위해 아무리 비싸더라도 좋은 약을 쓰도록 지시했었다고 하자, 동물들은 모두 의구심을 떨쳐버렸다. 동물들은 박서가 적어도 행복하게 죽었다는 생각으로 북받치는 슬픔을 억누를 수 있었다.

스스로 그 다음날 일요일 회합에 나타나서 박서를 찬양하는 짤막한 연설을 했다. 애통스런 동지의 유해를 운반해서 농장에 매장한다는 것은 불가능하지만 농장 집 정원의 월계수로 커다란 화환을 만들어 박서의 무덤에 갖다놓도록 했다고 그는 말했다.

그리고 2, 3일이 지난 후에 돼지들은 박서를 기리는 추모제를 갖기로 했다는 것이었다. 나폴레옹은 박서가 좋아했던 두 개의 금언 "더 열심히 일하자"와 "나폴레옹 동지는 항상 옳다"를 다시 강조하면서 각자 이 금언을 신조로 삼으면 좋을 것이라는 말로 연설을 끝냈다.

추모제가 열렸던 날, 윌링턴에서 식료품가게의 마차가 농장 집에 커다란 나무상자를 싣고 왔다. 그날 밤 떠들썩한 노랫소리에 이어 격렬하게 싸움을 하는 듯한 소리가 들렸고 끝으로 열 한 시경에 유리그릇이 시끄럽게 깨지는 소리가 나기도

하였다. 그 다음날 점심때까지 농장 집에는 얼씬거리는 자가
아무도 없었다. 그리고 돼지들이 어디선지 돈을 장만해 가지
고 위스키 한 상자를 사다 마셨다는 소문이 들렸다.

**다락원 명작노트 002**

# 동물농장

**펴낸이** 정규도
**펴낸곳** (주)다락원

**초판 1쇄 발행** 2006년 11월 15일
**초판 2쇄 발행** 2010년 9월 30일

**책임편집** 안창열, 김지영
**디자인** 손혜정, 박은진
**번역** 마도경
**삽화** 손창복

**다락원** 경기도 파주시 교하읍 문발리 509-1
내용문의: (031)955-7272(내선 400)
구입문의: (02)736-2031(내선 112~114)
Fax: (02)732-2037
출판등록 1977년 9월 16일 제300-1977-23호

Copyright © 2006, 다락원

출판사의 허락 없이 이 책의 일부 또는 전부를
무단 복제 · 전재 · 발췌할 수 없습니다.
잘못된 책은 바꿔 드립니다.

값 8,500원

ISBN  89-5995-117-X  43740
      978-89-5995-117-8  43740

## 패턴 따라 쉽게 쓰는 틴틴 영어일기 1, 2

**❶ 일상생활 패턴정복**
**❷ 학교생활 패턴정복**

중학교에 다니는 여학생과 남학생이 각각 일상생활과 학교생활을 중심으로 1년간의 일을 쉽고 재미있게 쓴 영어일기. 중학생이라면 누구나 한번쯤 겪어봤을 만한 일들을 바탕으로 한 다양한 일기 소재와 어휘가 제공되어 있기 때문에, 영어일기를 통해 영작을 연습하려는 학습자에게 큰 도움이 될 수 있는 교재이다. 중·고생뿐만 아니라, 중학 영어를 미리 예습하려는 예비 중학생들에게도 아주 효과적인 영어 학습서로 강추!

□ 정미선 지음 / 4·6배 변형 / 192면
□ 정가 10,000원 (오디오 CD 1개 포함)

## Teen Teen Diary (전3권)

**❶ 매일 10단어로 뚝딱 중학생 영어일기**

중1 수준의 어휘와 문장으로, 영어일기와 일상회화에 대한 감각을 익힌다.

□ 정미선 지음 / 신국판 / 144면
□ 정가 7,500원 (테이프 1개 포함)

**❷ 매일 5문장으로 술술 중학생 영어일기**

중2 수준의 어휘와 문장으로, 영어일기에 친숙해지고 자신감을 쌓는다.

□ 정미선 지음 / 신국판 / 152면
□ 정가 7,500원 (테이프 1개 포함)

**❸ 매일 내맘대로 쓱싹 중학생 영어일기**

중3 수준의 어휘와 문장으로, 중학영어를 마스터하고 미국의 일상회화에 익숙해진다.

□ 정미선 지음 / 신국판 / 144면
□ 정가 7,500원 (테이프 1개 포함)

## 지니의 미국생활 영어일기 Hello! America (전2권)

**❶ 가을학기   ❷ 봄학기**

어느 한국 여학생의 미국생활 이야기를 일기 형식으로 담은 책. 1권은 '가을학기', 2권은 '봄학기'편으로, 총 1년간의 미국 학교생활 및 일상생활에 관한 흥미로운 이야기들이 담겨 있다. 미국 학생들의 실생활을 바탕으로 한 탄탄한 스토리로 살아 있는 현지 영어와 미국문화를 체험할 수 있을 뿐만 아니라, 영어 독해 및 영작 연습을 할 수 있는 아주 유용한 교재이다.

□ 이지현 지음 / 국배판 변형 / 152면
□ 정가 8,500원

〈행복한 명작 읽기〉는 기초가 약한 영어 초급자나 초, 중, 고 학생들이 보다 즐겁고 효과적으로 명작들을 읽으며 독해력을 키울 수 있도록 개발된 독해력 증강 프로그램입니다.

## 책의 특징

1 골라 읽는 재미가 있다. 초보자를 위한 350단어 수준에서 중고급자를 위한 1,000단어 수준까지 5단계 구성.
2 단계별로 효과적인 영어 읽기 요령과 영문 고유의 참맛을 느낄 수 있는 장치가 곳곳에.
3 읽기만 해도 영어의 키가 쑥쑥 – 해석을 돕는 돼지꼬리(◞), 영어표현 및 문법 설명, 퀴즈가 왕창.
4 체계적인 듣기 학습까지. 전문 미국 성우들의 생동감 넘치는 원음을 담은 오디오 CD 제공.

## ✖ 왕초보 기초다지기 ✖

쉬운 영문을 통해 영어 독해에 대한 막연한 두려움을 없앤다.

### Grade 1 — Beginner · 350 words

1 미녀와 야수
2 인어공주
3 크리스마스 이야기
4 성냥팔이 소녀 외
5 성경 이야기 1
6 신데렐라
7 정글북
8 하이디
9 아라비안 나이트
10 톰 아저씨의 오두막

### Grade 2 — Elementary · 450 words

11 이솝 이야기
12 큰 바위 얼굴
13 빨간머리 앤
14 플랜더스의 개
15 키다리 아저씨
16 성경 이야기 2
17 피터팬
18 행복한 왕자 외
19 몽테크리스토 백작
20 별 | 마지막 수업

국판 | Grade 1, 2, 3 각권 6,000원
(오디오 CD 1개 포함)

Grade 4, 5 각권 7,000원
(오디오 CD 1개포함)

*어린왕자 8,000원
(오디오 CD 2개 포함)

**고도를 기다리며 9,000원
(오디오 CD 2개 포함)

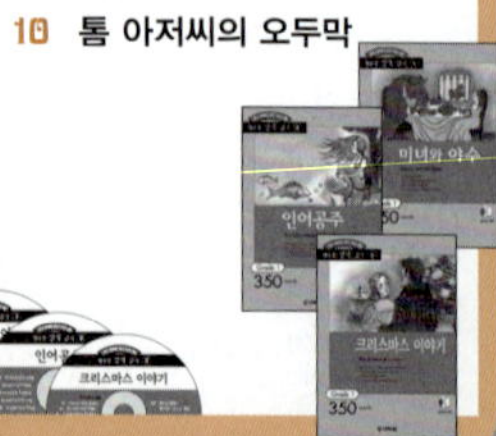

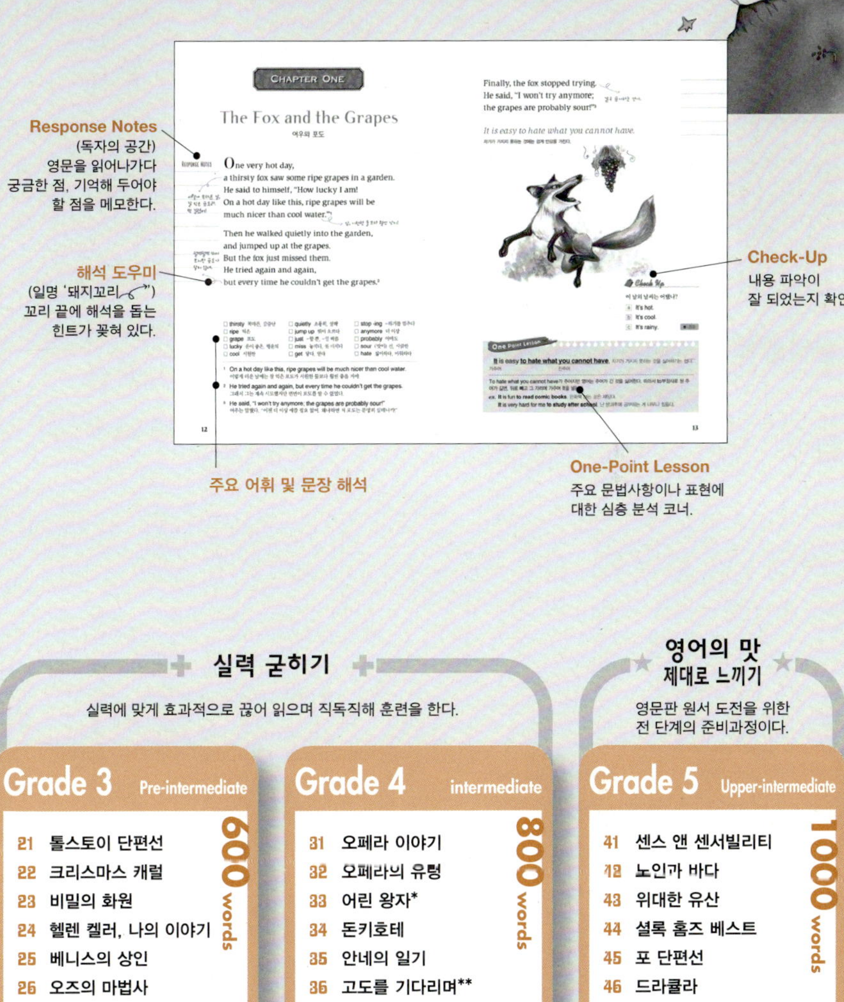



**Response Notes**
(독자의 공간)
영문을 읽어나가다
궁금한 점, 기억해 두어야
할 점을 메모한다.

**해석 도우미**
(일명 '돼지꼬리')
꼬리 끝에 해석을 돕는
힌트가 꽂혀 있다.

주요 어휘 및 문장 해석

**Check-Up**
내용 파악이
잘 되었는지 확인.

**One-Point Lesson**
주요 문법사항이나 표현에
대한 심층 분석 코너.

## 실력 굳히기

실력에 맞게 효과적으로 끊어 읽으며 직독직해 훈련을 한다.

## 영어의 맛
### 제대로 느끼기

영문판 원서 도전을 위한
전 단계의 준비과정이다.

# 콕콕 찍어 들려주는 명작 리스닝 시리즈 [전20권]

세계 명작소설을 쉽게 고쳐 쓴 중·고생용 학습 교재. 독해와 함께 청취력 향상을 위해 전 내용을 녹음하고, 매 페이지에 리스닝 포인트를 두어 한국인이 듣기 어려운 부분은 또박또박한 발음으로 반복해 들려준다. 권말에는 영어듣기 테스트를 수록해, 입시에서 점점 비중이 높아지는 듣기시험에 대비하도록 했다.

- 각 권 4·6판/140면 내외
- 정가: 각 권 5,800원 (테이프 2개 포함)

① 이상한 나라의 앨리스 / 백설공주와 일곱 난쟁이
Alice's Adventures in Wonderland /
Snow White and the Seven Dwarfs

② 이솝 우화
Aesop Fables

③ 그림 동화집 / 잭과 콩나무
Grimms Fairy Tales / Jack and the Beanstalk

④ 재미있는 이야기 / 미녀와 야수
Famous Stories / Beauty and the Beast

⑤ 알라딘과 요술램프 / 이른 아침의 살인
Aladdin and the Magic Lamp / Dead in the Morning

⑥ 오즈의 마법사 / 흑마 이야기
The Wonderful Wizard of Oz / Black Beauty

⑦ 걸리버 여행기 / 쉽게 번 돈
Gulliver's Travels / Fast Money

⑧ 거울 속의 앨리스 / 정원
Through the Looking Glass / The Garden

⑨ 피터 팬
Peter Pan

⑩ 큰 바위 얼굴 / 크리스마스 선물 /
알리바바와 40인의 도적들
The Great Stone Face / The Christmas Present /
Ali Baba and the Forty Thieves

⑪ 돈키호테 / 헨리 포드 이야기
Don Quixote / Tin Lizzie

⑫ 로빈 후드 / 어느 병사의 죽음
Robin Hood / Death of a Soldier

⑬ 신문 배달 소년 / 긴 터널 / 몰리의 순례자
Newspaper Boy / The Long Tunnel / Molly Pilgrim

⑭ 언덕 위의 집 / 헤라클레스
The House on the Hill / Hercules

⑮ 우주 도시로의 여행 / 요술 정원
Journey to Universe City / The Magic Garden

⑯ 마르코 폴로 / 크리스토퍼 콜럼버스 /
올리버 트위스트
Marco Polo / Christopher Columbus / Oliver Twist

⑰ 삼총사 / 레슬러
The Three Musketeers / The Wrestler

⑱ 불의 전차
Chariots of Fire

⑲ 런던 경시청 이야기 / 아서 왕
The Story of Scotland Yard / King Arthur

⑳ 도난당한 편지 / 붉은 머리 사교회 /
트래버스 씨의 첫사냥
The Stolen Letter / The Society of Red-Headed
Men / Mr. Travers First hunt